매일 조금씩 다정해지는
하루 3문장 감정 연습

하루 3문장 감정 연습

엄마를 위한

30일 마음챙김 워크북

윤여진 지음

21세기북스

오늘, 나에게 다정해지는
첫 문장을 적습니다

SNS를 들여다보면 화면 속 엄마들이 "제 인생은 아이가 전부예요. 아이를 바라만 봐도 그저 행복해져요"라고 말하는 것처럼 느껴질 때가 있습니다. 한때는 저도 그런 모습을 보는 것이 불편했습니다. '나는 아이를 사랑하지 않나 봐. 모성애가 부족한가 봐' 그런 생각으로 힘들었습니다. 아이를 바라보는 것만으로는 행복하지 않았거든요.

물론 저는 아이를 너무나 사랑합니다. 아이를 바라보고 있으면 세상을 다 얻은 듯 행복해지지요. 그럼에도 당시 저는 여전히 일이 너무 하고 싶었습니다. 하던 공부도 마무리하고 싶었고요.

처음에는 그런 마음이 드는 것 자체가 부끄러웠습니다. 남들보다 아이를 덜 사랑하나 싶어 자책하기도 했지요. 그러나 시간이 지나면서 조금씩 알게 되었습니다. 아이를 덜 사랑해서가 아니라 원래 제가 그런 사람이라는 것을 말입니다. 아이를 낳고 키우면서 일이든 공부든 제대로 할 수 없었지만 일하고 싶다는 마음은 여전히 제 안에 남아 있었습니다. 저는 원래 잠도 줄여가며 공부도 하고, 일도 하는 완전 워커홀릭이었으니까요. 엄마로서의 역할이 더해졌지만, 나라는 사람의 원래 모습이 달라진 것은 아니었습니다.

저는 많은 엄마가 아이를 키우면서 심리적 문제와 맞닥뜨리는 첫 번째 이유가 바로 여기 있다고 생각합니다. '원래 그런 나'를 잘 모르는 채 엄마가 되기 때문에 육아가 감정적으로 더 힘겨워지는 것이죠. 그 밑바탕에는 대개 '완벽한 엄마가 되고 싶다'는 마음이 숨어 있지요. 엄마도 하나의 새로운 역할로 받아들이고, 지금까지처럼 성실하게 임하면 엄마 역할도 완벽하게 해낼 수 있으리라 믿는 것입니다. 하지만 엄마라는 역할을 완벽하게 해내려고 자신을 몰아붙이다 보면 곧 회의에 빠지게 됩니다. 어떤 일을 완벽하게 해내는 것은 결코 쉬운 일이 아니니까요. 게다가 '엄마' 역할은 앞으로 평생 아이와 함께 걸어나가야 할 긴 여정이지요.

고백하자면, 저는 20대 중반부터 꽤 오랫동안 우울증을 앓았습니다. 상담도 받고 약도 먹었지만, 마음은 쉽게 나아지지 않았습니다. 돌아보면 늘 착한 딸이 되어야 한다고 생각했고, 슬픔이든 분노든 불안이

든 긍정적이지 않은 감정은 가능한 한 드러내면 안 된다고 여기며 자랐던 영향이 컸던 것 같습니다. 저는 감수성이 풍부한 사람이었지만, 그 사실을 제대로 알지 못한 채 감정을 억누르는 데 익숙한 어른이 된 것입니다.

그래서 저는 감정을 공부하기 시작했습니다. 감정을 억누르는 일이 어떤 결과로 이어지며 건강하게 감정을 표현한다는 것은 무엇인지 제대로 알고 싶었거든요. 내 감정을 정확히 파악하고 이해하면 무언가 달라질 거라고 믿었습니다. 물론 아이 앞에서는 아는 것과 실천하는 것이 전혀 다른 문제였지만요.

진짜 내 감정을 만나는 연습

'감정에 대해 공부도 많이 하고, 책도 쓰고, 나는 감정을 제법 잘 다스리며 살고 있어'라고 생각하며 살던 제가 다시금 감정에 대해 공부해야겠다고 마음먹게 된 계기가 있었습니다.

어느 날, 영어 공부를 막 시작한 아홉 살 아이가 손으로 자기 목 근처를 가리키며 말했습니다.

"엄마. 나, 너무 스트레스 받아. 스트레스가 여기까지 오면 내가 쉬어야 돼.
근데 여기 밑으로 내려가면 내가 성장을 안 하니까, 이 사이가 딱 좋아."

아이의 이 말은 오래도록 제 마음에 남았습니다. 그리고 저는 스스로에게 이런 질문을 던지게 되었습니다.

이 질문 앞에서 다시 한번 깨달았습니다. 감정을 잘 조절하려면 결국 나 자신을 먼저 알아야 한다는 사실을요. 여러분도 지금 내 감정이 어디쯤 올라와 있는지 찬찬히 들여다보며 '진짜 나'를 만나보셨으면 합니다. 그리고 그동안 완벽하지 않은 자신을 미워해왔다면 오늘은 가여운 나를 안아주며 사과하면 좋겠습니다. 나 자신에게 친절해질 수 있어야 아이에게도 친절할 수 있으니까요.

이 책은 제가 감정에 대해 공부하며 배운 내용에, 아이를 낳고 실제 육아 속에서 겪은 감정들을 더해 풀어낸 기록입니다. 이론을 안다고 해서 바로 실천할 수 없다는 것을 알기에 '읽는 책'이 아니라 '직접 쓰고 실천하는 책'으로 만들었습니다. 다만 감정 조절력의 바탕을 이해할 수 있도록 PART 1에서는 아이와의 관계, 엄마의 감정에 대해 차근차근 짚어봤습니다. 왜 이렇게 쉽게 지치고 흔들리며 후회하게 되는지 그 이유를 이해하다 보면 '나만 이런 게 아니구나' 하는 위로를 얻으실 수 있을 것입니다.

이어지는 PART 2는 30일 동안 감정을 읽고 기록해보는 루틴입니다. 하루에 하나씩 감정 단어를 익히고, 감정 온도를 점검하며 짧은 마음챙김과 질문, 필사를 따라가다 보면 나와 아이의 마음을 조금 더 선명하게 이해하게 될 것입니다. PART 3는 그 이해를 실제 말로 옮겨보는 연습입니다. 아이에게 무심코 내뱉었던 말을 돌아본 뒤 비슷한 상황에서 어떤 말로 바꾸면 좋을지 직접 써보며 다정한 말습관을 몸에 익혀가도록 구성했습니다.

처음부터 끝까지 순서대로, 정해진 날짜에 맞춰서 써야만 하는 것은 아닙니다. 마음이 괜찮은 날에는 천천히 읽어가도 좋고, 지치고 힘든 날에는 지금의 나에게 가장 필요한 페이지부터 펼쳐보셔도 괜찮습니다. 잠시 쉬었다가 다시 돌아와도 됩니다. 중요한 것은 빠짐없이 해내는 것이 아니라, 내 마음을 놓치지 않고 다시 들여다보는 일입니다.

지금 이 책을 펼친 여러분은 이미 아이와 더 좋은 관계를 맺기 위한 첫걸음을 뗀 사람입니다. 어쩌면 오랫동안 자기 자신에게 충분히 친절하지 못했을지도 모릅니다. 이 책이 그런 여러분에게 '스스로에게 친절한 오늘'을 시작하는 계기가 되기를 바랍니다.

목 차

PART 1

엄마의 감정 온도를 되찾는 시간

#01 나는 왜 아이 앞에서 무너질까? _엄마 감정의 출발점

#02 짜증과 분노는 '나쁜 감정'이 아니다 _감정의 재정의

엄마의 감정 온도를
되찾는 시간

나는 왜 아이 앞에서
무너질까?

엄마 감정의 출발점

내 안의 화,
정말 아이 때문일까요?

어린아이를 키우는 부모들은 종종 이렇게 말하곤 합니다.

"애가 말을 너무 안 들어요."

"우리 애는 너무 예민한 것 같아요."

"다른 애들처럼 얌전하지가 않아요."

"제가 원래 이런 사람이 아니었는데, 아이 때문에 너무 화가 나요!"

이런 생각이 들 때 곰곰이 되짚어보세요. 정말 아이가 나를 화나게 했나요?

사실 어린아이가 어른을 진심으로 화나게 만들기는 쉽지 않습니다.

아이는 아주 천천히 성장하기 때문에 매일 비슷한 행동과 말을 반복합니다. 그럼에도 어떤 날은 아이가 유난히 귀엽게 느껴지고, 다른 날은 똑같은 행동에도 몹시 화가 납니다. 심지어 아이가 나를 위협하는 것처럼 느껴질 때도 있죠.

이 같은 심리 변화에 영향을 미치는 요인은 아이의 행동, 그 자체라기보다 나의 기분과 감정 상태일 가능성이 높습니다. 아이와 함께 지내다 보면 통제할 수 없는 상황이 자주 생기니까요. 내 뜻대로 되지 않는 아이 행동에 스트레스를 받는 셈입니다.

깊이 들여다보면 결국 부모가 화난 것은 아이 때문이 아니라 상황을 컨트롤하지 못하는 자기 자신 때문입니다. 좋은 양육자가 되고 싶은데 그걸 해내지 못하고 있는 기분이 드는 것이죠. 울거나 떼쓰는 아이 앞에서 내 안의 비판자가 슬그머니 고개를 드는 것입니다.

'나는 나쁜 엄마야. 다른 엄마들은 다 잘하는데 내가 문제야.

아이가 말도 안 듣고 자주 우는 건 분명 내 잘못일 거야.'

이런 생각들이 쌓이고 쌓여서 나 자신과 아이를 향한 분노로 변하는 거죠.

솔직히 부모가 되는 것은 힘들고 고된 일입니다. 이전에는 미처 알지 못하던 자기 모습을 발견하고, 느끼지 못하던 깊고 복잡한 감정들을 경험하게 됩니다. 처음에는 아이에 대한 것인 줄 알았던 감정들이,

시간이 지나면서 사실은 나 자신을 향해 있다는 것을 깨닫기도 합니다. 이 때문에 스스로가 한심한 부모라며 괴로워하거나 이유 없이 깊은 슬픔에 빠지기도 하지요. 이런 상태가 계속되면 죄책감에 짓눌려 무기력해지거나 우울해질 수도 있습니다.

'내 화의 근원은 아이도, 아이의 행동도 아니다.'

이것부터 인정해야 합니다.

"하지만 아이가 일찍 자면, 내 말을 잘 들으면,
떼를 안 쓰고 울지 않으면 화가 안 날 것 같은데요."

많은 엄마가 이렇게 말하지만, 과연 진짜 그럴까요? 세상에는 내 마음대로 안 되는 일이 너무 많습니다. 우리가 통제할 수 없는 상황은 늘 존재하죠. 덧붙여 그런 일이 벌어질 때마다 화내는 사람은 거의 없습니다. 그렇다면 왜 유독 '내 마음대로 되지 않는 아이'에게 화가 나는 것일까요?

우리는 무의식적으로 아이의 행동을 통제할 수 있다고 믿습니다. 그래서 아이가 말을 잘 들으면 자신이 통제력 있는 좋은 양육자인 것 같고, 그렇지 않으면 부족한 존재처럼 느껴지는 것입니다. 아이의 행동을 곧 나에 대한 평가처럼 느끼는 것이지요. 이것이 우리가 '아이

때문에 화가 났다'고 생각하는 이유입니다.

그렇지만 아이가 없던 시절을 한번 떠올려보세요. 나를 화나게 한 사람에게 짜증 냈다고 해서 끝을 알 수 없는 깊은 죄책감을 느끼지는 않았을 것입니다. 반면 아이에게는 있는 대로 화내서 입을 다물게 할 수 있다고 믿고 그렇게 해도, 속이 시원하지 않습니다. 오히려 죄책감에 더 괴로워지죠. 그렇다고 스스로를 몰아붙이며 벌한다고 통쾌해질 리도 없습니다. 분노를 밖으로 쏟아내도, 안으로 삼켜도 해결되지 않는 것입니다. 이것이 우리가 좋은 양육자가 되기 위해서만이 아니라 나의 자존감을 지키기 위해 감정 조절력을 키우고 실천해야 하는 이유입니다.

가장 사랑하는 아이에게
감정이 터지는 까닭

많은 엄마가 '완벽한 부모가 되고 싶다'고 소망합니다. '완벽'의 기준은 사람마다 다르겠지만 그 기준을 채우지 못하고 있다고 느끼는 순간 '부모로서 뭔가 잘못하고 있다'는 생각에 괴로워지는 것은 다들 비슷할 것입니다. 부모로서 무언가 잘못한 탓에 아이가 내 말을 듣지 않고 고마워하지 않으며 예의 없게 굴고 떼쓴다고 여기게 되는 것이지요. 그렇다고 내 아이를 진심으로 미워할 수는 없습니다. 어떤 상황이든 아이는 여전히 사랑스러운 존재니까요.

한번 이런 악순환에 빠져들면 에너지가 빠르게 바닥납니다. 아이에게 느끼는 부정적인 감정의 덩어리에 짓눌리게 되기 때문입니다. 이처럼 불편한 감정에서 잠시라도 벗어나고 싶어 SNS를 들여다보면 상황은 더 악화됩니다. 화면 속에는 나와 달리 모든 일을 잘해내는 것처럼 보이는 완벽한 엄마들만 보이거든요.

그런 모습을 보면 기분이 나빠질 것을 알면서도 멈추기 어려운 까닭은 일단 자기 자신을 미워하기 시작하면 미워할 이유를 계속해서 찾아내게 되는 탓입니다. 그 결과 눈을 맞추어야 할 아이 대신 스마트폰 화면을 바라보는 시간이 점점 늘어나지요. 이 같은 상황에서 자존감이 깎이지 않을 사람은 없습니다. 자존감이 바닥나면 감정 조절은 더욱 어려워지고요.

많은 사람이 직장이나 친구 관계, 일상의 수많은 갈등 앞에서는 쉽게 감정을 분출하지 않습니다. 감정을 폭발시키면 관계가 멀어질 수 있다는 것을 알기 때문입니다. 그렇다면 왜 유독 아이에게만 감정이 터져 나오는 걸까요?

사실 아이에게 소리 지르면 안 된다는 것을 모르는 엄마는 없습니다. 알면서도 소리 지르며 아이를 다그치게 되는 까닭은 아이가 부모인 내 인생에서 가장 '안전한' 존재이기 때문입니다. 물론 아무리 화가 나도 마음속 깊은 사랑에는 변함이 없습니다. 내가 사랑하는 만큼, 아이도 나를 세상에서 가장 사랑해주고요. 내가 다소 거친 말투로 감정을 쏟아내도 아이는 금세 용서하고 다시 품에 안기지요. 그래서 많은 엄마가 아이만큼은 나의 모든 행동과 말을 받아줄 거라 확신합니다.

이것은 오만하기 그지없는 생각입니다. 아이는 성장하면서 사랑의 상호작용을 깨닫습니다. 그러면서 부모에 대한 무조건적인 사랑도 희미해지지요. 어쩌면 사랑의 기억조차 희미해질지 모릅니다. 엄마가 보여준 그간의 사랑을 의심하며 혼란에 빠질지도 모르고요. 이런 이유로 엄마부터 자신의 감정에 대해 알아야 합니다. 슬프고 속상하지만 이 사실 먼저 인정해야 합니다.

'아이가 가장 만만하니까, 내가 이렇게 행동하는구나.'

아이는 원래 서툴고 부족한 존재입니다. 특히 미취학 아동은 제멋대로에 천방지축이지요. 전두엽이 이제 막 발달하기 시작해 조절력이 낮을 뿐 아니라 어른들이 수십 년에 걸쳐 익혀온 행동 방식에도 아직 서툽니다. 그래서 부모가 필요한 것입니다. 아이가 자라면서 배우고 익히며 부족한 부분을 보완해가도록 곁에서 안내하는 것, 그것이 부모의 가장 중요한 역할입니다. 이 역할을 잘해내려면 결국 엄마부터 자신의 감정을 돌볼 수 있어야 합니다.

내 감정을 쏟아내는 것이
훈육은 아닙니다

이렇게 묻는 부모도 있을 것입니다. 아닙니다. 저는 훈육이 선택이 아니라 부모의 의무이자 책임이라고 생각합니다. 자녀가 건강하고 독립적인 성인이자 사회의 한 구성원으로 살아갈 수 있도록 돕는 것이 부모의 역할이라고 믿기 때문입니다. 그런 의미에서 질문을 하나 하고 싶습니다. 소리 지르고 짜증 내며 다그치는 것이 과연 '훈육'일까요?

'기분 상해죄'라는 표현이 있습니다. 기분을 상하게 했다는 이유로 죄를 묻는다는 뜻을 지닌 표현이죠. 혹시 지금 '교육' 또는 '훈육'이라며 아이를 '기분 상해죄'로 처벌하고 있지는 않은지, 곰곰이 생각해보면 좋겠습니다. 만약 그러고 있다는 생각이 든다면 아이는 감정 조절력을 배우기에 앞서 부모를 피하는 방법부터 익히게 될 것입니다.

이 문제를 단순히 개인의 성격 탓으로만 볼 수는 없습니다. 현대 사회에는 아직도 부모들을 도와줄 시스템이 부족하니까요. 막중한 양육의 책임이 오롯이 부모들에게 지워지는 것입니다. 특히 엄마들에게 주로 이 책임이 부과되곤 하지요. 사회가 여전히 엄마를 주 양육자로 인식하기 때문입니다. 엄마들 역시 자연스럽게 스스로를 주 양육자로 여기고요. 이런 사회 분위기 탓에 남편이 적극적으로 육아에 동참한다 해도, 겨우 '도움'만 되는 경우도 많습니다.

주 양육자로서 아이를 잘 키워야 한다는 압박에 시달리는 엄마들도 막상 이야기를 나눠보면 '잘 키우는 것'이 무엇인지 정확하게 정의하지 못하는 경우가 많습니다. 그래서 오히려 더더욱 최선을 다하고 있지만, 육아를 잘하고 있는지에 대해서는 자신 없어하지요. 속도보다는 방향이라고 생각하면서도 멈출 수가 없습니다. 몸과 마음은 매일매일 녹초가 되는데, 자신도 없고 성취감을 느끼기도 힘든 상황에서 감정 조절력을 제대로 발휘할 수 있는 사람은 많지 않습니다.

부모도 인간이니 때때로 짜증과 분노를 느끼는 것은 자연스러운 일입니다. 아이 때문에 기분이 상하고, 답답하고, 화가 나는 순간도 당연히 있습니다. 중요한 것은 그런 감정을 느낀다는 점이 아니라, 그것을 '어떻게 다루느냐'입니다. 아이와의 관계에서 우리는 '어른'이기 때문입니다.

아무리 감정 조절이 뛰어난 사람도 때로는 실수를 합니다. 아이의 문제가 아님을 알면서도 소리 지르고, 감당하기 어려운 순간에는 짜증도 내죠. 중요한 것은 그 후에 변명이 아니라 '인정'을 하는 것입니다. 배우자에게, 친구에게, 직장 동료에게 감정을 쏟아냈다는 생각이 들면 우리는 한 걸음 물러서 사과합니다. 그런데 유독 아이에게만 "훈육하려고 그랬다"고 정당화하지는 않았는지 돌아볼 필요가 있습니다. 가슴 아프고 속상하더라도 내가 잘못했다는 사실을 인정하는 순간부터 진짜 배움은 시작됩니다.

이해를 돕기 위해 한 장면을 예로 들어보겠습니다. 입사 한 달 된 신입사원이 처음으로 큰 실수를 했는데 상사가 불같이 화내며 이렇게 말합니다.

이 순간 신입사원은 무엇을 배울 수 있을까요? 상사가 소리 지르는 순간, 아마 '저 사람이 나를 미워하나? 도망가고 싶다'는 생각만 들 것입니다. 아이도 다르지 않습니다. 관계에서 신뢰가 반복적으로 깨지면 배움 대신 두려움이 자리 잡죠. 부모가 소리를 지르면 말의 '내용'보다 '톤'이 더 강하게 남고요.

특히 어린아이에게 부모는 생존과 직결된 존재입니다. 엄마의 분노가 단순한 꾸중이 아닌 위협으로 느껴질 수도 있는 까닭입니다. 미움받지 않기 위해 행동을 즉각적으로 고칠 수도 있지만 이처럼 공포로 만들어진 변화는 오래가지 않습니다. 왜 그렇게 행동해야 하는지 이해하지 못하면, 비슷한 상황이 다시 왔을 때 스스로 판단해 행동하기 어렵다는 사실을 깨달아야 합니다.

당장의 통제보다
먼 훗날의 단단함을 위해

　타인의 말을 '듣는 것', 그 의미를 '이해하는 것', 실제로 '행동으로 옮기는 것', 그것을 '습관으로 만드는 것'은 모두 다른 차원의 일입니다. 감기에 걸려 병원에 가면 의사들이 으레 하는 말이 있습니다. 잘 먹고, 잘 자고, 많이 움직이라는 것이죠. 그래야 건강에 이롭다는 사실을 모르는 사람은 없습니다. 그런데 그 말을 들었다고 해서 생활 습관이 바로 바뀌던가요? 거의 그렇지 않습니다.

　행동을 하루아침에 바꿀 수는 없습니다. 말을 듣는 것과 행동을 바꾸는 것은 전혀 다른 차원의 일입니다. 기존의 습관을 깨고 새로운 방식을 익히려면 반복과 시간이 필요합니다. 책임감 있는 사람의 애정 어린 안내가 있다면 그 과정은 훨씬 수월해지겠지만요. 어른도 그러한데, 아이는 어떨까요? 인간은 본래 즉각적으로 변화하는 존재가 아닙니다. 아직 성장 중인 아이는 더더욱 그럴 수밖에 없습니다. 이 사실을 이해해줘야 합니다.

많은 부모가 머리로는 이렇게 생각하면서도 아이에게 높은 기준을 들이대는 이유는 어쩌면 '좋은 부모'라는 증거를 얻고 싶기 때문인지도 모릅니다. 아이의 빠른 변화가 곧 나의 양육 능력을 증명해준다고 믿는 것이죠. 그러나 이런 마음이 오히려 훈육을 방해합니다. 아이가 잘 자라고 있다는 증거를, 내가 좋은 엄마라는 증거를 '즉각적인 행동 변화'에서 찾지 마세요. 그 기대를 내려놓는 순간, 화나는 일은 훨씬 줄어듭니다.

제가 가끔 받곤 하는 이런 질문에는 다음과 같은 전제가 숨어 있습니다.

화와 짜증을 억지로 참으라는 말은 아닙니다. 폭발적으로 분출하는 방식 말고 다른 조절 방법을 찾자는 것입니다. 가능하다면 한 걸음 더 나아가 왜 이렇게 화가 나는지 스스로에게 물어보면 좋겠습니다.

모든 부모는 결국 아이가 독립된 인격체로 건강하게 성장하길 바랍니다. 스무 살, 서른 살이 된 아이를 쫓아다니며 소리치고 싶은 부모는 없겠죠. 그러므로 우리는 인간이 늘 다양한 변수 속에서 살아간다는 점을 고려해야 합니다. 완전히 똑같은 상황이 반복되는 일은 거의 없지요. 만약 부모가 무서워서 행동을 고친다면 아이는 새로운 상황에서 스스로 기준을 세우기 어렵겠죠.

우리가 훈육하는 이유는 아이가 성인이 되었을 때 스스로 생각하고 선택할 수 있는 힘, 즉 제대로 살아갈 수 있는 힘을 길러주기 위해서입니다. 훈육이 '즉각적인 행동 수정'이 아니라 '장기적인 성장'을 바라보며 이루어져야 하는 까닭입니다. 즉, 훈육은 두려움으로 통제하는 일이 아니라 반복을 통해 판단하는 힘을 기르는 과정입니다. 부모의 역할은 아이를 내 앞에서만 얌전하게 만드는 것이 아니니까요. 아이를 키운다는 것은 순간을 통제하는 기술이 아니라 시간을 견디며 사람을 길러내는 일입니다.

세상의 모든 아이는 본능적으로 부모에게 사랑받고 싶어 합니다. 일부러 엄마를 화나게 하려고 말 안 듣고 말썽을 부리는 것이 아닙니다. 아이들은 그저 매일 자라고 있을 뿐입니다.

'아이는 오늘도 성장하고 있구나.'

'아이는 내 마음대로 되지 않는 독립적인 인격체구나.'

'아이는 부모에게 사랑받고 싶은 존재구나.'

이 사실을 있는 그대로 받아들여주세요. 훈육과 분노는 같은 것이 아닙니다. 아이의 잘못과 엄마의 분노도 별개의 문제입니다. 이 둘을 분리해 인식하는 순간, 비로소 훈육은 통제가 아니라 성장의 과정이 됩니다. 그 출발점은 언제나 '부모가 자기 자신의 감정을 어떻게 다루느냐'에 있습니다.

아이와 함께 걸어갈
긴 시간을 생각합니다

초등학교 저학년 무렵까지 아이에게 부모는 세상의 전부입니다. 특히 엄마는 아이의 세계 그 자체죠. 아이는 아직 세상을 넓게 경험하지 못했기 때문에 부모와의 관계 안에서 감정과 관계의 대부분을 배웁니다. 이 시기 부모의 말과 태도가 아이에게 아주 크게 느껴지는 까닭이지요.

어떤 부모들은 행동으로 사랑을 표현하고 있으니 충분하다고 생각하며 이렇게 말하기도 합니다. 솔직히 아이를 키우는 일은 고작 이런 몇 마디 말로 설명할 수 없을 만큼 깊고 고된 일입니다. 그렇지만 언제나 한 가지 분명한 사실이 있습니다. 아이를 먹이고 입히고 재우는 일은 사랑인 동시에 부모가 선택한 책임이라는 것입니다. 아이는 부모를 통해 세상에 태어났으니까요.

많은 부모의 말처럼 사춘기가 오면 아이와의 관계는 달라집니다. 아이는 신체적으로 변화를 겪고, 심리적으로도 독립을 준비하지요. 비밀이 많아지고 부모보다 친구가 중요해지는 것은 자연스러운 과정입니다. 이런 과정을 거치며 사회화가 이루어집니다. 그러나 부모와의 모든 단절을 사춘기로만 설명할 수는 없습니다. 관계는 하루아침에 달라지지 않으니까요.

아이는 부모와의 오랜 상호작용 속에서 '사람은 이렇게 관계를 맺는구나'를 배우며 다른 관계에도 그대로 적용합니다. 10세 전후로 아이의 태도에 그동안 축적된 관계의 분위기가 조금씩 드러나지요.

밖에서는 친절함을 유지하다가 집에 들어와서 예민하게 굴지는 않았는지, 바깥세상에서 참아낸 감정을 가장 가까운 아이에게 쉽게 쏟아내지는 않았는지 돌아볼 필요가 있습니다. 자책하고 후회하기 위해서가 아니라 인식하고 성장하기 위해서 말입니다.

아이는 자라며 부모의 품을 벗어납니다. 예전에는 별일 없어도 곁을 맴돌던 아이가 이제는 방문을 닫고 자신의 세계로 들어갑니다. 부모와의 관계가 안전한 기억으로 남아 있다면 이처럼 자연스러운 성장의 과정 중에서도 아이는 완전히 등을 돌리지 않습니다. 혼란의 시기를 거치는 와중에도 부모를 안전지대로 여기는 마음이 있기 때문입니다. 그러니 사춘기를 걱정하기에 앞서, 어릴 때의 시간과 관계를 더 소중히 여겨야 합니다. 아이에게 부모가 세상의 중심일 때 기울인 노력은 앞으로 수십 년을 함께 걸어갈 관계의 토대가 될 뿐 아니라 이후의 갈등을 견디게 돕는 힘이 되니까요.

이런 노력은 아이를 위해서만 해야 하는 것이 아닙니다. 세상에서 제일 사랑하는 아이와 앞으로 수십 년간 사이가 좋지 않다고 생각해 보세요. 과연 부모인 내가 행복할 수 있을까요? 아이가 좋은 대학교에 입학하고, 대기업에 입사하고, 돈을 많이 벌면 내 마음이 채워질까요? 그럴 리 없습니다. 그러므로 아이와의 관계에 투자하는 일은 결국 나 자신의 행복을 위한 가장 중요한 선택이기도 합니다.

부모와 자식은 인생에서 가장 오랜 시간을 함께 보내는 관계입니다. 아이가 어릴 때는 부모가 일방적으로 아이를 가르치지만, 이런 시간은 생각보다 짧습니다. 아이는 자라고 부모는 나이 들기 때문입니다. 어느 순간부터 부모는 가르치는 입장이 아니라 배우는 입장이 되지요. 시간과 함께 역할이 바뀌고 관계가 재구성되기에 부모-자식 관계는 결코 일방적일 수 없습니다. 이토록 길고 역동적이며 서로에게 영향을 주는 관계가 또 있을까요?

요즘 많은 60~70대 부모가 이렇게 말한다고 합니다.

이 현상을 단순히 '요즘 세대가 문제'라고만 볼 수는 없습니다. 과거 한국 사회에서는 부모가 아이를 일방적으로 가르치는 문화가 지금보다 훨씬 강했습니다. 부모는 책임을 다했고 자녀는 순종하는 것이 미덕이었지요.

그 시대의 부모들은 분명 최선을 다했습니다. 다만 관계가 '의무' 중심으로만 유지될 경우, 정서적 친밀감이 충분히 쌓이지 못하기도 합니다. 돌봄은 있었지만 상호적인 감정 교류는 부족했던 것이죠. 그런 관계에서 성인이 된 자녀는 명절에 한 번 찾아오는 것으로 자신의 의무를 다했다고 느낄 수도 있습니다.

틀린 말은 아니지만 이것만으로 관계가 깊어지지는 않습니다. 의무를 다하며 최소한의 감사를 표현하는 것과, 친밀한 관계를 맺는 것은 다릅니다. 좋은 관계는 의무를 넘어서는 시간과 태도 속에서 자라니까요. 독립한 자녀는 부모와의 관계를 선택할 수 있습니다. 법적 의무는 남아 있을지 몰라도, 정서적 친밀감은 선택의 영역입니다.

요즘 70대들 사이에서는 이런 농담이 돈다고 합니다.

"넷플릭스 계정이 있으면 자식과 친한 거다."

회원 가입도, 앱 설치도 혼자서는 쉽지 않으니 자녀와의 소통이 있어야 가능하다는 의미겠지요. 웃으며 하는 이야기지만, 이 안에는 관계의 현실이 담겨 있습니다.

평균 수명이 길어진 지금, 우리는 자녀와 50년, 어쩌면 그 이상을 더 살아가야 합니다. 그 긴 시간 동안 어떤 관계로 남고 싶으신가요? 의무로 연결된 사이일까요, 아니면 기꺼이 함께 시간을 보내고 싶은 사이일까요? 다시 말하지만 좋은 관계는 저절로 만들어지지 않습니다. 지금의 태도와 선택이 먼 훗날의 관계를 조금씩 빚어갑니다. 이제 그 주춧돌을 어떻게 놓을지, 함께 고민해보려 합니다.

02

짜증과 분노는
'나쁜 감정'이 아니다

감정의 재정의

나를 지키려는 신호일 뿐,
나쁜 감정은 없습니다

피곤하거나 몸이 뻐근하게 아픈 날은 쉽게 짜증이 납니다. 수면 부족이나 배고픔처럼 기본적인 욕구가 채워지지 않으면 작은 일에도 예민해지지요. 별일 없었는데 마음이 무겁게 가라앉는 날도 있습니다. 끊임없이 무리한 요구가 빗발칠 때처럼 감당하기 어려운 자극을 받았을 때는 불안이 올라오기도 하고요. 이럴 때 많은 사람이 감정 자체를 문제로 여깁니다.

'왜 나는 이렇게 짜증이 많지?'

'왜 나는 이렇게 쉽게 무너질까?'

'왜 나는 이렇게 안절부절못할까?'

그러나 본래 '나쁜 감정'은 없습니다. 모든 감정은 '신호'에 가깝습니다. 지금 상태가 어떻고 무엇이 부족하며 어디가 위험한지 알려주는 생존 신호 말입니다. 감정은 뇌가 보내는 신호입니다. 우리는 그 신호를 어떻게 해석하고 다룰지 선택하고 연습할 수 있을 뿐입니다. 불안을 예로 들어보겠습니다. 어떤 사람은 막막한 미래가 불안할수록 행동을 하기 어려워집니다.

이런 생각으로 여기저기 기웃거리다 보면 잠깐은 잦아드는 것도 같지만, 결국 불안이 사라지지는 않습니다. 정보를 모을수록 스스로가 작게 느껴지고 '또 아무것도 못했어'라는 생각이 더해지며 불안이 더 커지기도 하지요. 반면 어떤 사람은 같은 불안 속에서도 이렇게 생각합니다.

행동을 통해 부정적인 에너지를 발산하기 위해 노력하는 것이죠. 결국 감정을 제대로 조절한다는 것은 이를 신호로 삼아 현재의 나에게 도움이 되고, 성장하는 행동을 선택하는 힘이라고 할 수 있습니다.

감정을 없애거나 숨기는 것이 아니라요.

　짜증과 분노도 마찬가지입니다. 분노는 흔히 '통제력을 잃었다'는 증거처럼 취급되지만, '경계가 무너지고 있다'는 다급한 신호일 수 있습니다. 분노는 신체적으로 너무 지쳤거나 내 시간이 완전히 사라졌거나 타인의 요구가 내 한계를 넘었거나, 중요한 것이 위협받는다고 느낄 때 올라오곤 합니다. 즉, 분노는 '나를 보호해야 한다'는 신호일 때가 많습니다. 그래서 감정이 올라왔을 때는, 그 감정과 '나'를 동일시하지 않고 한 발 떨어져 바라보는 연습이 필요합니다. 잠깐 숨을 가다듬고 이렇게 생각하면 좋겠습니다.

　이렇게 감정에 이름을 붙이는 순간, 감정은 나를 지배하는 힘에서 '관찰 가능한 대상'으로 전환됩니다.

분노가 내게 들려주고
싶었던 진짜 이야기

엄마들에게는 매일 새로운 과제가 주어집니다. 어제까지 통하던 방식이 갑자기 전혀 먹히지 않는 경우도 흔합니다. 2주 동안 잘 지켜온 규칙이 3주째에 들어서면 전혀 통하지 않는 날이 생기고요. 그럴 때 엄마는 실망과 함께 무력감에 빠지기 쉽습니다.

'아무리 해도 안 되나 봐.'

'나는 아이를 가르칠 수 없나 봐.'

이런 감정은 결국 스스로를 갉아먹으며 양육뿐 아니라 다른 일상에도 영향을 미칩니다. 더불어 많은 엄마가 이 지점에서 '내가 이렇게 화가 많은 인간이었나' 자책합니다.

영어권에 'Mom rage'라는 표현이 있을 만큼, 육아 과정에서 많은 엄마가 분노와 마주합니다. 이것은 이상한 일이 아닙니다. 그럼에도 우리나라의 많은 엄마가 "화난다"라는 말을 쉽게 꺼내지 못합니다. '화'라는 단어가 공격적이고 부정적으로 느껴져서 그 말을 내뱉는 순간 '내가 나쁜 사람이 된 것 같다'는 죄책감이 따라오기 때문입니다. 이 탓에 한국에서는 '짜증'이라는 단어로 대부분의 부정적인 감정을 대신 표현하곤 합니다.

'짜증'이라는 표현이 틀렸다는 이야기는 아닙니다. 다만 우리가 느끼는 감정의 원인은 생각보다 훨씬 다양합니다. 짜증과 분노도 다층적입니다. 피로 때문일 수도 있지만 서운함이나 불안 때문일 수도 있습니다. 자라온 환경도 다르고 원가정에서 배운 감정 규칙도 다르니까요. 그럼에도 많은 엄마가 '화낸 건 아니야'라고 믿고 싶은 마음에, '나는 화내는 사람이 아니야'라는 자아상을 지키기 위해, 분노를 '짜증'으로 축소해 부르곤 합니다. 그러나 '짜증'이라고 가볍게 넘기는 순간, 그 감정을 제대로 다룰 기회도 함께 사라집니다. 정확히 마주하지 않고 축소하려 든 감정은 결국 다른 방식으로 새어 나오기 마련이고요.

감정을 정확히 알아차리려면 자신의 상태를 스스로 살피는 힘이 필요합니다. 이를테면 우리는 오랫동안 외부 평가에 익숙한 환경에서 살아왔습니다. 점수와 등수, 성적과 실적처럼 분명한 기준이 있는 세계에서는 '나는 지금 잘하고 있어' 같은 내적 평가를 굳이 하지 않아도 누군가가 대신 점수를 매겨주곤 합니다. 그런데 육아는 다릅니다. 누가 매일 "잘하고 있어요"라고 점수를 매겨주지 않습니다. 게다가 아이는 매일 변하면서, 새로운 양육과제를 던집니다.

엄마의 분노는 '아이를 미워한다'는 뜻이라기보다 '지금 너무 버겁다'는 신호일 가능성이 높습니다. 감정을 나쁘다고 몰아붙이지 말고, 내 감정의 신호를 읽는 쪽이 현실적인 문제 해결의 출발점입니다. 분노를 다루려 할 때 '내가 왜 이렇게 화내고 있지?'라는 질문만으로는 부족합니다.

"내가 지금 무엇을 잃고 있지?"

"내가 어떤 기준에 눌려 있지?"

"내가 스스로에게 너무 가혹하지는 않나?"

이 같은 질문이 함께 필요합니다. 분노를 없애려 애쓰기보다 분노하게 되는 원인을 찾는 것이 먼저입니다.

꾹꾹 눌러 참은 마음은
조용히 상처가 됩니다

가끔 이런 말을 들을 때가 있습니다.

감정을 잘 조절하며 원만한 관계를 유지해왔다면 정말 멋진 일입니다. 다만 '화를 안 냈다'는 말이 곧 '감정이 없었다'는 뜻은 아니니 갈등이 아예 없었던 것인지, 갈등을 말이 아닌 다른 방식으로 표현한 것은 아닌지 한 번쯤은 돌아볼 필요가 있습니다.

"나는 너무 많이 참고 살아."

많은 이가 이렇게 말하는 사람에게 왠지 모르게 불편함을 느낀 경험이 있으리라 생각합니다. 소리 지르지 않더라도 화났음을 드러내는 방식은 많습니다. 말수가 줄고, 표정은 굳고, 말을 걸어도 대답이 없거나 짧고, 겨우 대답해도 툴툴대며 분위기를 무겁게 만드는 방식으로요. 말로 하는 대신 온몸으로 '나 화났어'를 표현하는 셈입니다. 이럴 때 당사자는 '참고 있다'고 생각하지만 주변 사람은 분명히 '화가 났다'고 느낍니다. 이런 형태를 보통 수동 공격성이라고 부르지요.

운전 중인 사람을 떠올려보면 이해가 쉽습니다. 운전자가 계속 성질을 부리면 조수석에 앉은 사람은 자연히 눈치를 보게 됩니다. 운전자가 입으로는 "화난 거 아니야"라고 말하더라도 공간 전체가 긴장으로 채워집니다. 조수석에 앉은 사람은 '공격받고 있다'고 느끼는데 운전자가 "절대 아니다"라고 못 박으면 대화로 감정을 조절하고 해소할 통로가 막혀버립니다.

아이와의 관계에서도 비슷한 일이 벌어질 수 있습니다. 아무렇지 않은 척해도 아이는 분위기로 엄마의 분노를 알아차립니다. 이때 엄마가 감정을 말로 표현하지 않으면 아이는 "엄마 왜 화났어?"라고 묻기 어렵습니다. 그 결과 아이는 점점 더 조심스러워지거나 반대로 거칠어지곤 하지요. '엄마가 지금 괜찮은지, 나를 여전히 사랑하는지' 스스로 확인해야 하기 때문입니다.

중요한 것은 감정을 건강하게 다룰 통로를 만드는 일입니다. 같은 공간에서 매일 마주치는 가족 사이에서는 높은 확률로 감정의 앙금

이 쌓이기 마련입니다. 그러니 '참는 것이 곧 좋은 것'이라고 단정하지 말고, 현재 감정이 어떤 방식으로 서로에게 영향을 미치고 있는지 돌아볼 필요가 있습니다.

엄마에게 필요한 것은 완벽한 무표정이 아니라 감정을 다루는 방식의 전환입니다. '나는 화가 나지 않는다'가 아니라 '화를 건강하게 조절하고 표현해 관계를 다시 연결한다' 쪽이 훨씬 현실적입니다.

아이는 감정을 대하는
엄마의 태도를 배웁니다

아이의 감정 조절력을 키워주고 싶으시죠? 솔직히 말로만 감정 조절을 가르치는 데는 한계가 있습니다. 아이는 부모가 스트레스를 받을 때, 속상할 때, 화가 날 때 어떤 태도를 취하고, 무슨 말을 하는지 보면서 배우니까요.

잔뜩 화난 것이 분명한 엄마에게 아이가 "엄마, 화났어?"라고 물어볼 때 "아니, 화 안 났어"라고만 대답하면 아이는 친구들이 "화났어?"라고 물어볼 때 똑같이 "아니, 화 안 났어"라는 대답밖에 할 수 없습니다. 머리끝까지 화난 상태라도 말입니다. 감정을 언어로 표현하는 법을 배우지 못했기 때문입니다.

70~80년대에 태어난 많은 부모가 아이가 울고불고할 때 가장 많이

짜증을 내는 까닭도 이와 비슷합니다. 대다수가 어릴 때 "그만 울어!"라며 많이 혼났을 테니까요. 무의식 중에 아무리 슬프고 화나도 감정을 표현해서는 안 된다고 배운 것입니다. 이것이 당시 부모들의 잘못만은 아닙니다. 아이들을 연구하는 발달 심리학이 대중적으로 공유된 것은 비교적 최근의 일이거든요. 다만 그런 문화 속에서 자란 우리는 '부정적인 감정을 숨기는 것'에 익숙해졌을 가능성이 큽니다.

지금 우리가 해야 할 일은 감정을 없애는 것이 아니라 아이에게 잘 조절하는 모습을 보여주는 것입니다. 아이에게 필요한 건 '엄마는 언제나 평온하다'는 환상이 아니라 '누구나 화가 날 수 있지만, 그 화를 안전하게 조절할 수 있다'는 경험입니다. 부모가 실수하지 않는 모습을 보여주는 것보다 실수한 뒤 회복하는 모습을 보여주는 것이 아이에게 더 현실적인 배움이 되기도 합니다. 예를 들어 이런 방식이겠죠.

이런 상호작용을 통해 아이는 '감정이 관계를 끊는 게 아니라, 관계 안에서 다뤄질 수 있구나'를 배웁니다. 이 같은 배움은 아이가 친구 관계에서 감정을 다룰 때도 밑바탕이 됩니다.

감정 조절력을 키우려면 감정을 어떻게 표현하고, 이를 통해 어떻게 관계를 회복하는지 보여줘야 합니다. 이 과정이 쌓이면 아이는 '감정이 두려운 것이 아니라, 다룰 수 있는 것'이라는 감각을 가질 수 있습니다.

아이의 마음을 안아주기 전,
내 마음부터

저는 유난히 많이 우는 아이를 낳았습니다. 앞집에서 "시끄럽다"는 편지가 두 번이나 올 정도였죠. 한번 울기 시작하면 두 시간 넘게 멈추지 않을 때도 많았습니다. '도대체 언제쯤 이게 끝날까'라는 생각도 자주 했습니다. "애들은 원래 다 울잖아"라고 말하던 친구들도, 우리 아이의 울음을 직접 보면 "너는 둘째 안 낳을 만하다"라고 말할 정도였지요. 이 정도로 울음이 잦다 보니, 어느 순간부터는 아이의 울음소리만 들려도 몸이 굳었습니다.

'또 시작이네.'

'이번엔 얼마나 갈까.'

그때 제 안에서 올라온 건 화만이 아니었습니다. 무력감, 초조함, 답답함, 무엇보다 '도망가고 싶다'는 충동이었습니다. 그러던 어느 날 아이가 또 울음을 터뜨렸고, 저는 크게 소리를 질렀습니다. 소리친다고 울음을 멈추지 않는다는 걸 머리로는 알고 있었는데 그날은 도저히 견딜 수가 없었습니다. 그러다 문득 깨달았습니다. 내가 정말 원하지 않던 모습의 부모가 되어가고 있다는 사실을요.

어릴 적 아버지는 울먹이는 제게 종종 이렇게 말하곤 했습니다.

물론 아버지는 딸이 울음으로 문제를 해결하지 않기를 바라서 이렇게 말했을 것입니다. 그럼에도 어린 저는 '나는 절대로 저런 부모가 되지 말아야지'라고 생각하며 눈물을 참곤 했습니다. 그런데 다 큰 제가 세 살 아이를 상대로 같은 수준으로 싸우고 만 것입니다. 이제 막 감정 조절을 배우기 시작한 어린아이가 울음으로 표현하는 감정을, 큰 소리로 맞받아치고 있었던 거죠.

어느 날 저는 제 자신이 정말 한심하게 느껴져 아이와 눈을 맞추고 이렇게 말했습니다.

그러고는 한참 동안 아이를 안고 함께 울었습니다.

나중에 돌이켜보니 그날 저는 처음으로 내 안의 아이와 마주한 것이었습니다. 저는 울음을 싫어한다고 생각했지만, 사실은 아이의 울음 앞에서 불편하고 무력해지는 감각이 두려웠던 것입니다. 한편으로는 억울하기도 했습니다.

복잡하게 얽힌 감정을 외면하고 싶었던 것입니다. 그 뒤로 저는 아이에게 종종 말했습니다.

내가 배우면, 아이도 배울 수 있습니다.

요즘 엄마들 중에는 모범적인 딸로 살아온 사람들이 많습니다. 책임감 있게 말 잘 듣고 맡은 역할을 잘해내며 살아온 것은 분명 큰 장점입니다. 다만 그 과정에서 '어린 나'의 감정은 충분히 인정받지 못

할 때가 많았겠죠. 그렇게 부모가 된 다음 아이와 갈등이 생기면, 엄마도 어느 순간 어린아이처럼 반응하게 됩니다. 이럴 때 SNS를 보면 다른 엄마들이 언제나 모든 것을 잘하고 있는 것처럼 보입니다. 육아가 외롭고 불안한 시기일수록 비교는 더 쉬워지고, 자존감을 지키기는 어려워집니다.

육아가 힘들게 느껴질 때일수록 '나는 왜 이러지' 다그치기보다, 천천히 이해해보려 노력해야 합니다. 스스로에게 포용적인 태도를 보여야 아이가 성장하는 과정도 포용할 수 있습니다. 만약 아이의 울음이 유독 힘들게 느껴진다면, 그 울음이 내 안의 해소되지 않은 문제를 건드리고 있지는 않은지 한번 곱씹어보세요.

'우리 집에서 울음은 어떤 의미였나.'
'울면 위로받았나, 혼났나.'
'나는 슬플 때 누구에게 기대는 법을 배웠나.'

자책하지 말고 궁금하게 여겨주세요. 호기심은 사랑하는 대상에게 줄 수 있는 최고의 선물이거든요. 나를 이해할 수 있으면, 아이를 이해하는 일도 수월해집니다.

자책으로 밤을 보내는 대신
나를 다독이는 질문을 던집니다

많은 엄마가 화내고 난 뒤 잠든 아이의 손을 잡고 눈물을 흘립니다. 이때의 눈물에는 사랑도 후회도 담겨 있겠죠. 어쨌거나 이 시간을 '자책'으로만 채우면, 내일도 크게 달라지지 않습니다. 자책은 나를 비난하는 방식으로 흐르기 쉽고, 비난은 에너지를 더 빨리 소진시키기 때문입니다.

후회가 의미 없다는 말은 아닙니다. 다만 관계를 바꾸려면 후회만으로는 부족합니다. 진짜 필요한 건 '피드백'입니다. 자책 말고 원인을 찾는 질문이 필요합니다. 자신의 모습이 싫어서 살을 빼는 사람과 건강을 위해 살을 빼는 사람 중 누가 더 오래 건강한 식습관을 유지할까요? 자신을 못살게 구는 방식은 지속하기는 어렵습니다. 반면 스스로를 지키려고 하는 사람은 좌절과 실패가 찾아와도 언제나 해결책을 찾아 다시 일어섭니다.

다음 질문은 자연스럽게 '대책'으로 이어집니다.

때로는 피드백이 번거롭고 하기 싫을 때도 있겠지만, 매일 밤 후회하며 눈물만 흘린다고 해서 상황이 알아서 좋아지지는 않습니다. 상황은 아이가 자라면서 변하겠지만 엄마의 바람대로만 변화하지는 않기 때문입니다.

우리가 힘들어도 운동하는 이유는 지금 당장 눈에 보이는 변화를 위해서가 아니라 10년, 20년 뒤의 건강을 위해서입니다. 관계 역시 매일의 피드백이 쌓이면 '어제보다 조금 나은 오늘'이 만들어질 수 있습니다. 오늘부터 한 가지 질문만 반복해보세요.

자책이 아니라 피드백을 위해서요. 완벽하게 해내지 않아도 됩니다. 하루 한 번 스스로에게 '내 행동의 원인'을 묻고, 살펴보는 것으로 충분합니다. 매일매일 이 질문의 답이 쌓이면 짜증을 조절하는 방법도 조금씩 보이기 시작할 것입니다.

03

엄마의 감정은
왜 마지막에 터질까

감정이 쌓이는 방식

다정함도 몸과 마음의
체력에서 나옵니다

많은 엄마가 수시로 결심하지만, 결심만으로 행동이 바뀌지는 않습니다. 예를 들어 '오늘부터 살 빼야지'라고 마음먹는다고 저절로 살이 빠지지 않잖아요. 살을 빼려면 행동을 습관으로 만드는 긴 과정이 필요하죠.

짜증 내지 않는 것도 마찬가지입니다. 짜증 내지 않으려면 감정 조절이 가능해야 하고, 감정 조절에는 에너지가 필요합니다. 짜증이 폭발한 순간을 곰곰이 되짚어보면, 대부분 이미 지친 상태였을 것입니다. 이를테면 수면이 부족하거나 끼니를 제때 못 챙겼거나 하루 종일 긴장한 채로 버텼거나 내 시간을 전혀 확보하지 못했을 수 있습니다. 여유 있을 때는 "지금은 잠깐 멈추고, 괜찮아질 때 다시 말하자"가 가능하지만 여유가 없으면 짜증부터 내기 쉽습니다.

좋은 관계를 맺기 위한 첫 번째 노력은 감정 조절에 필요한 에너지를 확보하는 일입니다. 그렇다면 에너지는 어떻게 확보할 수 있을까요? 먼저 낭비를 줄여야 합니다. 과거에 비해 요즘 엄마들은 늘 지치고 날선 상태로 하루를 버텨내는 모습이 더 자주 보입니다. 과거에 육아가 더 쉬웠다는 뜻은 아닙니다. 시대마다 양육의 어려움은 모두 다르니까요. 다만 지금은 피로를 키우는 요소가 일상 곳곳에 훨씬 많습니다. 휴대폰, SNS, 밤늦게까지 이어지는 콘텐츠, 끊임없이 들어오는 정보와 이에 따른 비교, 쉴 틈을 빼앗는 알림 같은 것들 말입니다. 육아 자체도 힘든데 그 위에 피로가 계속 쌓이는 생활이 겹치면 감정 조절은 점점 더 어려워집니다.

전날 밤 SNS를 보다가 야식을 먹고, 밀린 드라마까지 시청한 뒤 늦게 잠들었다고 생각해보세요. 다음 날, 몸이 피곤하니 운동은 엄두도 안 납니다. 그래도 아이 밥을 챙기고 집 안 정리 등 이런저런 일들을 해내야 합니다. 이미 지친 상태인데 아이가 주변을 맴돌다 묻습니다.

"엄마, 나 젤리 먹어도 돼요?"

그 순간 쌓여 있던 짜증이 터져 나옵니다.

이런 상황이 벌어지는 까닭은 내 안의 에너지가 고갈된 탓입니다. 문제는 이다음부터입니다. 딱히 잘못한 것도 없는 아이에게 버럭 소리 지른 뒤 기분이 좋을 리 없습니다. 그러면 괜히 내가 화풀이한 것이 아니라 아이가 혼날 만한 행동을 했다고 믿고 싶어집니다. 스스로 나쁜 엄마이고 싶지 않기 때문입니다. 이 흐름이 반복되면 아이는 엄마의 표정과 목소리를 늘 살피게 되고, 관계는 서서히 무너집니다.

이 같은 악순환에서 벗어나려면 '기초 체력'을 쌓아야 합니다. 일단 몸이 버텨야 마음도 버팁니다. 충분히 자고, 균형 잡힌 식사를 하고, 조금이라도 몸을 움직이는 것. 이 세 가지는 너무 뻔하게 느껴질 수도 있지만 실제로 감정 조절력을 키우는 핵심입니다. 감정을 잘 다루기 위해서는 오늘 하루를 버틸 수 있는 체력을 먼저 회복해야 합니다.

중요한 것은 '완벽'이 아니라 '낭비를 줄이는 방향'입니다. 나를 피로하게 만드는 습관이 무엇인지 찾아서 아주 작은 것부터 조정해보세요. 감정 조절력은 '의지'가 아닌 반복적인 연습을 통해서만 키울 수 있습니다.

아이의 마음을 읽어주는
것만으로는 부족할 때

지난 10년 동안 '마음 읽기'가 육아의 중요한 키워드였습니다. 물론 아이의 마음을 읽어주는 것은 중요합니다. 특히 어린 시절 감정을 충분히 이해받지 못했던 지금의 부모 세대에게는 더더욱 그렇죠. 그런데 마음 읽기를 해주면 아이가 버릇없어진다는 말을 들을 때가 종종 있습니다.

"마음 읽기를 해줬는데도 아이가 점점 더 떼만 늘어요."

우리가 반드시 알아야 할 점은 마음 읽기가 감정 조절의 출발점일 뿐이라는 것입니다. 마음 읽기는 아이의 현재 감정을 알아차린 뒤 그

감정에 이름을 붙여주고, 왜 그런 감정을 느끼는지 말로 정리해주는
과정입니다.

아이는 아직 감정 언어가 충분히 발달하지 않았기 때문에 부모가
감정의 이름을 알려주는 것은 매우 중요합니다. 이 감정이 어떤 신호
를 보내고 있으며 그 신호를 보내는 원인이 무엇이고 이러한 감정을
어떻게 다스릴 수 있는지 알아야 감정 조절력이 키워지거든요. 이런
일련의 과정을 반복적으로 연습해야 비로소 감정을 건강하게 조절하
는 사람으로 성장할 수 있습니다.

표면적으로는 친구와 싸워서 속상할 수도 있지만 대개의 경우 그보
다 더 깊은 이유가 숨어 있습니다. 속상하다는 표현으로는 설명되지
않은 복잡하고 다층적인 감정을 느낄 때도 많죠. 어떤 경우에는 문제
의 원인을 제거할 수 있고, 또 어떤 경우에는 행동이나 습관을 조금씩
바꾸어가며 해결할 수도 있습니다.

특정한 감정을 느꼈을 때 어떤 행동들이 감정을 완화시켜주는지 배
우는 것도 중요합니다. 화났을 때 혼자 시간을 보내는 것이 도움이 되
는 사람도 있고, 몸을 움직여 땀을 흘려야 마음이 가라앉는 사람도 있
습니다. 모든 상황에서 일률적으로 "심호흡해"라고 하면 오히려 역효

과가 날 수 있습니다. 중요한 것은 나와 아이에게 맞는 다양한 감정 조절 전략을 함께 연습하는 것입니다.

사실 우리는 이런 방식으로 감정을 조절하는 방법을 배우지 못하고 자란 탓에 아이에게 감정 조절을 가르치기는커녕 스스로의 감정에 휘둘릴 때가 많습니다. 어쩌면 그래서 '마음 읽기'가 그토록 큰 공감을 얻었는지도 모릅니다. 이제는 마음 읽기에서 한 걸음 더 나아가 행동하고, 결국에는 습관화해서 내 삶을 변화시킬 때입니다. 이제 나도 아이도 단단한 감정 조절력을 키우는 연습을 시작해야 합니다. 감정 조절력을 단번에 키울 수는 없겠지만, 단계를 알고 반복하면 조금씩 삶의 습관이 될 것입니다.

내 감정의 주인이 되어
스스로에게 묻는 연습

　아이의 마음을 읽어주기 전 꼭 필요한 과정 중 하나는 바로 엄마인 내 마음을 먼저 들여다보는 것입니다. 자기 마음조차 모르는 사람이 다른 사람에게 감정 조절에 관해 현실적인 도움을 주기는 어려우니까요.

　많은 사람이 감정 조절에 관한 책을 읽고, 영상을 보고, 강의를 들으면 감정 조절력을 키울 수 있으리라 기대합니다. 이때 대다수가 가장 중요한 사실을 간과하곤 하지요. 그것은 전 세계를 통틀어 내 감정을 가장 잘 아는 사람은 결국 나 자신뿐이라는 점입니다. 상담을 받더라도 의사가 내 마음을 '대신' 알 수는 없습니다. 의사의 역할은 내 감정을 알아차릴 수 있도록 질문을 던지고 내가 그 질문에 답할 수 있도록 돕는 것이니까요.

"지금 기분이나 감정이 어떻냐"라는 질문에 대답하기 어려운 것은 능력 부족 때문이 아닙니다. 질문을 받아본 적이 별로 없으니, 답을 찾기 위해 노력해보지 않은 것뿐입니다. 오랫동안 우리 사회는 "화났다", "속상하다", "불편하다" 같은 말을 쉽게 꺼내기 어려운 분위기였으니까요. 많은 사람이 지식과 정보를 쌓으면 이런 질문에도 대답을 잘할 수 있을 거라고 생각하지만, 그렇지는 않습니다. 오랜 습관을 바꾸는 데 필요한 것은 시행착오를 통한 연습뿐이기 때문입니다.

오늘부터 내가 나에게 질문하는 연습을 해야 합니다. 어릴 때부터 다음과 같은 질문을 자주 받으며 자랐다면 어른이 된 지금도 스스로에게 질문하는 일이 훨씬 자연스러웠을 겁니다.

"왜 울어? 왜 화났어?"

"무슨 일이 있었어?"

"지금 어떤 기분이야?"

"어떻게 도와줄까?"

자라날 때 이런 질문을 자주 받지 못한 탓에 우리는 스스로에게 어떤 질문을 해야 하는지조차 모른 채 어른이 되었습니다. 감정이 올라오는 순간에 무조건 참거나 걷잡을 수 없이 폭발시키게 되는 것이죠. 이제는 의도적으로 질문해봅시다. 여기에 더해 아이에게도 감정과 관련된 다양한 질문을 던져보세요.

참고로 지금 마음이 어떤지에 대해서 자주 묻는 저에게, 아이가 왜 계속 질문하냐고 심통을 부린 적이 있습니다.

이렇게 알려주니 아이도 제 마음을 알아줬습니다.

처음에는 질문하는 것 자체가 어색할 수 있습니다. 스스로에게 질문을 던지면 이유 없이 눈물이 날 수도 있지요. 나 자신을 포함해서 아무도 궁금해하지 않았던 내면의 감정과 생각들을 건드리는 게 쉬운 일은 아니거든요. 그러나 일단 질문해보면 사실은 그동안 쭉 누군가가 궁금해하길 바랐다는 사실을 알게 될 것입니다. 그러니 다음에 화나고 속상하고 짜증이 나면 비난 대신 질문을 해보세요. 감정 조절력은 애정과 관심 위에서 쌓인다는 사실을 잊지 말고요.

하루 5분, 나를 위해
마음의 숨을 고르는 시간

기록은 감정을 들여다보는 가장 좋은 방식 중 하나입니다. 오늘 어떤 감정을 느꼈으며 무엇 때문에 화가 났는지 짧게라도 적어보세요. 글쓰기가 부담스럽다면 녹음이나 영상 촬영도 괜찮습니다. 어떤 형태로든 마음을 표현하고 정리하는 시간을 갖는 것이 중요합니다. 마음을 어지럽히는 감정도 밖으로 꺼내놓으면 형태가 보이며 다루기가 수월해지니까요.

하루를 마무리하며 감정을 회고하는 것도 좋지만 밤에는 이미 에너지가 바닥난 경우가 많습니다. 그래서 저는 아이가 일어나기 전, 아침에 5분만이라도 책상에 앉아 '오늘 나에게 중요한 일 세 가지'를 적어보길 권합니다. 오늘 꼭 해야 할 일을 생각하면서 중요도를 가늠해

보는 것입니다. 중요한 것은 매일 지속적으로 짬을 낼 수 있는 일정한 시간을 만드는 것입니다.

이 질문에 대해 매일 5분만 고민해도 하루를 훨씬 알차게 보낼 수 있습니다. 시간을 내가 원하는 방향으로 이끌 수 있기 때문입니다. 이때 기분도 함께 살펴보세요.

아침의 기분은 특히 전날의 수면이나 생활 습관과 맞닿아 있을 가능성이 높습니다. 아침부터 짜증이 난다면 어젯밤 잠을 잘 자지 못해서 피곤할 가능성이 높지요. 이 사실을 깨자마자 알아차리는 것만으로도 하루를 보내는 방식이 달라질 수 있습니다. 예를 들어 이렇게 생각해볼 수 있습니다.

'어제 늦게 잤으니 오늘은 특히 예민해질 수 있겠다.'

아침에 알아차리면 예민해질 만한 상황을 조금이나마 줄일 수 있겠지요.

아침에 5분간 나를 위한 시간을 갖는 것이 익숙해졌다면 자기 전에도 5분 정도 하루를 피드백해보세요. 아침에 마음먹은 세 가지 일 중 하나밖에 못했다면 자책보다 그 이유를 살펴보는 것이 중요합니다.

참고로 기록이 힘이 되려면 자책 대신 객관적인 피드백이 필요합니다. 기록은 나를 평가하기 위한 도구가 아니라, 나를 이해하기 위한 도구이기 때문입니다.

우리 주변에는 이렇게 말하는 사람들이 많습니다. 혹시 나도 그렇다면 하루 동안 남을 위해 쓰는 시간과 나를 위해 쓰는 시간을 한번 적어보세요. 의외로 나와 크게 상관이 없는 일에 아주 많은 시간을 쓰고 있다는 것을 발견하게 될 것입니다.

이런 상태에서는 내가 좋아하는 것이 무엇인지, 나는 어떤 사람인지 모르는 게 어쩌면 당연한 일입니다. 늘 시선이 바깥으로만 향해 있는데 나에 대해 알아가긴 힘들겠지요. 책이든 강의든 어떤 콘텐츠의 무슨 내용이든 일단 접했다면 '이것을 내 삶과 어떻게 연결 지을 수 있을까?' 스스로에게 질문해보세요. 그런 고민을 바탕으로 행동해야 비로소 그 지식이 내 것이 됩니다.

질문하고, 기록하고, 나의 에너지를 점검하는 일은 감정 조절력을 키우는 가장 현실적인 시작점입니다. 5분의 기록으로 더 나은 나를 위한 작은 습관을 들여보세요.

04

아이는 엄마의 감정을
보고 배운다

감정 전염과 학습

실수해도 괜찮습니다, 다시 회복하면 되니까요

　많은 부모가 아이에게 감정 조절하는 법을 가르치고 싶어 합니다. 정작 나의 감정 다루기는 이런저런 핑계로 미루지만 어쨌든 매일 '어른답게' 버티려 노력하면서요. 그러나 아이는 말보다 행동을 통해 배웁니다. 부모가 공부하는 모습을 보여주면 아이도 공부를 합니다.

　감정 조절도 크게 다르지 않습니다. 부모의 감정이 자주 폭발하고 그로 인해 상처를 받는다면 감정 조절의 필요성을 아무리 잘 설명해도 아이는 부모의 말에 진심으로 수긍하기 어렵습니다. 아이는 부모가 어떤 말을 했는지보다 화났을 때 어떤 표정과 말투였으며 그 후에 어떻게 회복했는지를 더 또렷하게 기억하니까요.

　엄마가 화날 때마다 소리 지르며 주워담지 못할 말들을 한다고 가정해보겠습니다. 아이는 엄마의 행동에서 화를 처리하는 방법을 배울 것입니다. 반대로 엄마가 감정을 억누르고 아무 말도 하지 않는 방식으로 대응한다면 아이는 아무 말도 하지 않는 엄마의 모습에서 불편함을 넘어 불안함을 느낄 수도 있습니다. 이 과정에서 감정은 절대 말로 표현해서는 안 되는 것이라고 배울지도 모릅니다.

그렇다면 아이가 밖에서 감정 조절을 배울 수 있을까요? 현실적으로 학교는 아이에게 감정 조절을 충분히 가르치기 힘듭니다. 또래 관계 속에서 감정을 조절하는 기술을 배울 수는 있겠지만 말입니다. 이를테면 아이는 학교에서 친구와 갈등을 겪고 화해하며 서로의 마음을 이해하는 과정에서 관계 속 감정을 경험할 수 있습니다. 즉, 학교는 가정에서 배운 감정 조절력을 관계 속에서 실행하고 연습하는 공간에 가깝습니다. 이런 의미에서 가정은 아이가 감정을 배우고 연습하는 가장 현실적인 훈련장이라고 할 수 있습니다.

친구와의 관계에서 감정을 어떻게 표현하고 갈등을 어떻게 해결하며 관계 속에서 어떤 태도를 보일지는 이미 가정에서 형성된 감정 습관의 영향을 크게 받습니다. 가정은 하루 중 가장 많은 시간을 보낼 뿐 아니라 실패해도 다시 회복할 수 있는 안전한 관계가 있는 공간이기 때문입니다. 아이는 가족과의 관계 속에서 감정을 표현하고 조절하며 다시 연결되는 경험을 반복함으로써 감정 조절력을 키워갑니다.

엄마와 아이 사이에는 감정이 쉽게 전이되곤 합니다. 관계가 밀착되어 있는 만큼 불안과 분노를 포함해 온갖 감정이 고스란히 전달되기 쉽지요. 그래서 '나는 감정 조절을 잘 못하는데 어떡하지?' 하고 덜컥 겁부터 먹는 엄마들도 있지만 겁먹을 필요는 없습니다. 감정 조절에는 완벽한 모습이 존재하지 않으니까요. 우리 모두가 인간이기 때문이죠. 때로는 화내고, 실수도 합니다. 중요한 것은 실수하지 않는 것이 아니라, 감정을 알아차리고 다시 관계를 회복하려는 태도를 보이는 것입니다.

저 역시 제 마음을 직시하는 과정이 필요했기 때문에, 어느 날 아이에게 이렇게 물어보았습니다.

아이는 잠시 생각하더니 자신의 생각을 말했습니다.

아이의 대답을 들은 뒤, 저는 이렇게 답했습니다.

이런 다짐이 하루아침에 완벽하게 지켜지지는 않지만, 이때의 대화로 제 아이는 감정 조절의 과정을 자연스럽게 보았습니다. 어른도 감정을 연습해야 하고 때로는 실수하며 그 뒤에 다시 관계 회복의 방법을 배워간다는 사실을 알게 된 것입니다. 이러한 경험은 타인의 감정을 이해하는 힘으로도 이어집니다.

얼마 전 이사 준비로 너무 지쳐 아이 앞에서 한참 짜증을 낸 적이 있습니다. 감정을 쏟아낸 뒤 마음이 불편해져 아이에게 먼저 말을 건넸습니다.

"미안해. 이번 주에 이사 준비를 하느라 엄마가 많이 지쳐 있었나 봐."

아이는 제 말을 가만히 듣더니, 저를 안아주며 말했습니다.

"괜찮아, 엄마. 이사 준비하느라 힘들지? 금요일에 끝나잖아. 조금만 더 힘내."

며칠 뒤에는 남편도 평소와 달리 아이에게 짜증을 냈습니다. 아이가 울자 남편은 바로 사과했습니다.

"미안해. 아빠가 요즘 이사 준비하느라 너무 피곤했어."

그러자 아이가 말했습니다.

"그래도 아빠가 그렇게 말해서 속상했어요."

남편이 고개를 끄덕였습니다.

초등학교 2학년, 아홉 살 아이와도 감정에 대한 대화가 충분히 가능합니다. 아이는 이 과정을 통해 중요한 사실을 배웁니다. 어른이 항상 완벽한 존재는 아니라는 것, 그리고 갈등이 생기더라도 다시 관계를 회복할 수 있다는 것 말입니다.

감정 조절은 혼자 책 읽으며 배울 수 있는 기술이 아닙니다. 관계 안에서 안전하게 마음을 말하고 서로 사과하며 다시 연결되는 경험을 통해 배우는 것입니다. 부모가 해야 할 일은 완벽한 모습을 보여주는 것이 아닙니다. 실수하더라도 다시 관계를 회복하는 모습을 보여주는 것입니다.

이런 방향을 아이에게 보여주는 것이 중요합니다. 아이에게 일방적으로 가르치려고 하기보다 함께 배우고 회복하는 분위기를 만드는 것이 훨씬 오래갑니다.

엄마의 불안이
아이의 마음에 닿지 않도록

어떤 엄마들은 아이와의 관계가 유독 어렵게 느껴진다고 말합니다. 그럴 때는 스스로에게 이런 질문을 던져보는 것도 도움이 됩니다.

"나는 다른 인간관계에서는 어떤 사람일까?"

"아이와의 관계에서는 왜 감정이 더 크게 흔들릴까?"

아이와의 관계가 특별히 어려운 경우도 있겠지만 대다수는 관계의 거리와 책임의 무게에 짓눌린 탓입니다. 아이와의 관계는 다른 어떤 관계보다 가까운 동시에 부모의 책임이 큽니다. 그래서 감정이 더 크게 흔들리기 쉽습니다. 여기에 '아이를 잘 가르쳐야 한다'는 부담까지 더해지면 부모의 불안은 더 커집니다. 문제는 그 불안이 말과 표정에 그대로 드러난다는 점입니다.

아이들은 부모의 말을 단순한 의견으로 듣지 않습니다. 사실에 가까운 판단으로 받아들이죠. 부모는 아이에게 세상에서 가장 믿을 만한 어른이기 때문입니다.

부모가 이처럼 불안한 마음을 드러내면, 그 순간 아이는 '나는 못하는 아이구나'라는 내용만 강하게 받아들일 수 있습니다. 아이의 불안이 부모의 불안을 키우고, 부모의 불안이 다시 아이에게 전이되며 불안의 악순환에 빠지게 되는 것입니다. 이럴 때 필요한 것은 근거 없는 낙관이 아니라 아이에게 건네는 믿음입니다.

아이들은 경험이 부족하기 때문에 미래를 길게 상상하기 어렵습니다. 그런 탓에 '지금 못하니까 앞으로도 못 할 거야' 같은 두려움에 쉽게 빠지지요. 우리 아이도 예전에 이렇게 물어본 적이 있습니다.

"엄마, 나 앞으로도 계속 한글 못 읽으면 어떡해?"

이 질문에는 단순한 걱정이 아니라 자신의 가능성에 대한 불안이 담겨 있었습니다. 그때 저는 이렇게 대답해주었습니다.

얼마 지나지 않아 글자를 읽기 시작한 아이는 이 경험을 통해 중요한 사실을 배웠습니다. 불안해도 결국에는 해낼 수 있다는 감각을 익힌 것입니다.

엄마가 불안을 키우지 않고, 아이가 지나야 할 시간을 '과정'으로 설명해주는 것만으로도 아이의 불안은 크게 줄어듭니다. 물론 아이마다 기본적인 불안의 정도는 다릅니다. 유달리 예민한 기질을 가진 아이도 있습니다. 이럴 때는 더더욱 부모의 태도가 중요합니다.

불안을 숨기거나 축소하자는 뜻이 아닙니다. 나의 불안이 아이에게 '너는 못할 거야'라는 메시지로 전달되지 않도록 조절하자는 것입니다. 아이에게 필요한 것은 완벽한 설명이 아니라, 함께 성장할 수 있다는 신호입니다.

이런 말은 아이에게 심리적인 안전망이 됩니다. 아이들은 자신의 가능성을 스스로 판단하기보다, 부모의 표정과 말에서 먼저 배우니까요.

불안 대신 굳건한
믿음을 건네주세요

예민한 아이를 키우는 부모는 종종 스스로를 의심하게 됩니다.

상황이 좀처럼 좋아지지 않는다고 느끼면 어느 순간 아이를 탓하다가 곧이어 자신을 탓하게 되지요. 한때 제 남편도 그랬습니다.

우리 아이는 아주 예민합니다. 낯선 환경과 새로운 도전을 부담스러워하지요. 처음 보는 음식도 쉽게 먹지 않아요. 새로운 장소에 가면 긴장하고요. 모르는 사람과 대화할 때는 지금도 여전히 수줍어하지요. 어린이집도, 초등학교도 적응하는 데 시간이 오래 걸렸습니다.

초등학교 입학 직후, 아이는 밤마다 학교에 가기 싫다고 울었습니다. 등교를 맡은 남편은 점점 지쳐갔지요. 아이와 성향이 비슷한 남편은 아이의 불안에 더 쉽게 영향을 받는 편이기도 했습니다. 그러던 어느 날, 남편이 이렇게 말했습니다.

이 말을 들은 아이도 전학을 가고 싶다고 말했습니다. '지금 학교는 아이(나)와 맞지 않는 곳이다'는 아빠의 메시지를 그대로 받아들인 것입니다. 아이에게 부모의 말은 단순한 의견이 아니라 현실에 대한 판단처럼 들리기 때문입니다.

저는 아이에게 이렇게 말했습니다.

이어서 물었습니다.

아이는 종일 앉아 있는 것도 싫고, 선생님이 너무 무섭다고 했습니다. 저는 아이의 감정을 인정해주는 한편, 현실적으로 설명했습니다.

"어떤 학교를 가도 선생님은 매번 달라.

네가 모든 상황을 다 통제할 수는 없어.

싫은 사람을 피해서 계속 도망만 다니는 건 불가능해.

도망가지 않고 상황을 잘 받아들이는 방법을 찾아보자."

그다음에는 아주 작은 전략을 함께 세웠습니다. 아이는 화장실을 가는 게 아니라면 움직이지 말라는 선생님 말씀 때문에 더 큰 스트레스를 받았다고 했습니다. 저는 이렇게 말했습니다.

"그럼 쉬는 시간마다 화장실에 가서 잠깐 쉬는 건 괜찮은 거야.

지금 목표는 완벽한 학교생활이 아니라 울지 않고 교실에 들어가는 거야."

등교 직전에도 기준을 분명히 했습니다.

"울고 싶으면 차 안에서 실컷 울어도 돼.

전날 고민을 이야기해도 되고. 대신 교문 앞에서는 울지 말자.

학교 앞에서 계속 울면 학교 교문만 봐도 눈물 날 거야.

학교 앞에서는 빠르게 헤어지는 거야."

일주일 정도 지나자 아이는 더 이상 학교에 가기 싫다고 울지 않았습니다. 저는 아이를 크게 칭찬했습니다.

이 경험을 통해 아이는 중요한 사실을 배웠습니다. 불안을 다루는 데 필요한 것은 그것을 없애는 것이 아니라 견딜 수 있도록 돕는 구체적인 전략이라는 사실 말입니다.

아이들은 부모의 감정을 보며 세상을 배웁니다. 부모가 줄 수 있는 가장 현실적인 도움은 아이의 불안을 없애주는 것이 아닙니다. 불안을 조절하고 완화하는 다양한 전략들을 연습하고 아이가 결국은 이겨낼 수 있다는 믿음을 주는 것입니다. 이 과정이 반복되면 아이는 조금씩 감정이 다룰 수 있는 것이며 아무리 어려운 상황에서도 관계를 회복할 수 있다는 사실을 깨닫게 됩니다.

05

'좋은 엄마'라는 이름의 감정 폭력

완벽함의 덫

'완벽한 엄마'가 되어야 한다는
무거운 짐 내려놓기

많은 엄마가 좋은 엄마가 되고 싶어 합니다. 그런데 '좋은 엄마'란 과연 무엇일까요? 다정한 엄마, 부지런한 엄마, 아이에게 늘 최선을 다하는 엄마일까요? 좋은 엄마란 대개 '완벽한 엄마'를 뜻합니다. 처음에는 그저 좀 더 잘하고 싶다는 생각에서 시작됐을 이 마음은 어느 순간 나를 조이는 기준으로 바뀌어버리기 쉽습니다. 게다가 '완벽'이란 것은 도대체 어떤 것인지 명확히 정의하기도 어렵습니다. 많은 엄마가 정의도 내리지 못한 목표를 향해 달리고 있는 셈입니다. 정확한 목표를 모르는 채로 '완벽해야 한다'는 압박만 남으면 아무리 노력해도 만족하기 어렵겠지요.

완벽한 엄마라는 목표의 뿌리는 '완벽한 딸'인 경우가 많습니다. 어릴 때부터 '잘해야 사랑받는다'는 감각을 익히며 자란 사람에게는 관계를 성취로 풀어내는 습관이 생기곤 합니다. 그래서 완벽한 딸, 완벽한 학생, 완벽한 여자친구, 완벽한 아내를 거쳐 아이를 낳은 후에는 완벽한 엄마가 되려고 합니다. 오랫동안 쌓아온 기준이니 쉽게 내려놓기도 어렵습니다.

문제는 완벽을 기준으로 삼는 순간, 타인에게도 그 기준을 강요하게 된다는 것입니다. 직장을 예로 들어보겠습니다. 스스로가 완벽해야 한다고 믿는 사람은 부하직원도 완벽하기를 바랍니다. 육아도 비슷합니다. 내가 완벽해야 한다는 기준이 강할수록 아이도 완벽하길 바랄 가능성이 커집니다. 그러나 세상에 완벽한 인간은 없습니다. 당연히 완벽한 엄마도 존재할 수 없습니다.

완벽이라는 환상을 향해 달려가기 시작하면 그 순간부터 자기 학대가 시작됩니다. 절대로 도달할 수 없는 목표를 향해 달리면서, 결국 그곳에 닿지 못한 나를 미워하게 되기 때문입니다. 그렇게 마음이 지치고 무너지면 그 균열은 가장 가까운 관계에서 제일 먼저 드러납니다. '완벽한 엄마가 되어야 한다'는 압박이 아이에게는 차갑고 날카로운 말로 나타나기도 합니다. 그래서 때로는 역설적인 일이 벌어집니다. 완벽한 엄마가 되려는 노력 그 자체가 아이에게는 상처가 되는 순간이 생기는 것입니다.

'저는 완벽한 엄마가 아니라 그냥 좋은 엄마가 되고 싶은 거예요.'

이 말에는 함정이 숨어 있습니다. '완벽'이라는 단어가 부담스러워 꺼내지 않았을 뿐 머릿속에 그리는 '좋은 엄마'와 '완벽한 엄마'는 별반 다르지 않을 것입니다.

이 지점이 바로 '좋은 엄마'라는 이름으로 시작되는 감정 폭력의 출발점일 수 있습니다. 이 덫에서 빠져나오려면 기준을 다시 세워야 합니다. 착한 딸, 다정한 아내, 자상한 엄마가 되고 싶은 노력도 의미 있지만 그보다 먼저 지금의 나를 존중하는 기준이 필요합니다.

완벽이 허상이라는 사실은 생각보다 쉽게 확인할 수 있습니다. 결혼을 하면, 더 좋은 집에 살면, 지금보다 안정적인 커리어를 가지면 완벽해질 것 같다고 생각해본 적이 있을 것입니다. 그런데 그런 성취들이 정말로 나를 완벽하게 만들어주었나요?

엄마가 되는 일도 비슷합니다. 언젠가 완벽한 엄마가 되면 비로소 마음이 편해질 것 같지만, 완벽한 엄마는 존재하지 않습니다. 지금의 나를 받아들이지 못하면 어떤 모습으로 바뀌어도 또 다른 부족함을 찾아내게 됩니다.

그래서 기준이 필요합니다. 남들이 정해놓은 기준이 아니라 내가 가진 시간과 에너지, 삶의 자원 안에서 스스로 선택한 기준 말입니다. 그 기준이 있어야 완벽을 쫓느라 자신을 몰아붙이지 않고, 아이와도 더 건강한 관계를 맺을 수 있습니다.

타인의 완벽한 한 장면에
나를 비교하지 않기로 해요

SNS를 하다 보면 어느 순간 타인과 내 삶을 비교하며 스스로의 부족함을 탓하게 되곤 합니다. 그런데 SNS 화면 속에 보이는 모습이 한 사람의 실제 삶일까요?

SNS에 올라오는 콘텐츠는 삶의 아주 작은 일부입니다. 우리가 보는 '완벽한 엄마'는 여러 사람의 한 장면, 한 장면이 합쳐져 만들어진 종합 이미지에 가깝습니다. 요리를 잘하는 엄마의 피드에는 요리하는 장면이 올라옵니다. 정리정돈을 잘하는 사람의 피드에는 집 안 풍경이 보이겠지요. 육아와 일을 잘 병행하는 사람의 피드에는 일 이야기가 등장할 테고요.

각각의 장면은 실제일 수 있으나 그 장면들을 하나로 합쳐 '저 사람은 모든 걸 다 갖췄다'고 상상하는 순간, 존재하지 않는 이상과의 비교가 시작됩니다. 게다가 SNS에서 눈에 띄는 사람들은 대부분 원래부터 특정한 일을 아주 잘하는 사람들입니다. 결혼 전부터 해당 분야에 관심과 실력을 쌓아왔을 가능성이 큽니다. 잘하니까 콘텐츠를 만들었을 것이고, 콘텐츠가 주목받으면서 더 잘해 보이기도 합니다.

문제는 여러 분야에서 그런 사람들을 하나씩 가져와 '내가 되어야 할 엄마의 모습'으로 합쳐버릴 때 생깁니다. 그렇게 되면 누구라도 지칠 수밖에 없습니다. 비교는 끝이 없고, 기준은 계속 올라가기 때문입니다. 그러니 SNS를 볼 때는 한 가지 질문을 던져보는 것이 좋습니다.

"저 장면을 얻기 위해 나는 무엇을 내려놓을 수 있을까?"

시간과 에너지, 돈은 모두 한정되어 있습니다. 누군가는 그 시간을 집 정리에 쓰고, 다른 누군가는 일에 쓰고, 또 다른 누군가는 아이와 노는 데 씁니다. 이것은 옳고 그름이 아니라 우선순위의 문제입니다.

나는 아이에게 어떤 엄마로
기억되고 싶은가요?

결국 중요한 질문은 이것입니다.

매끼 유기농으로 차려준 엄마? 집이 늘 인테리어 잡지 같았던 엄마? 항상 바쁘게 일했지만 든든했던 엄마? 이 질문에는 정답이 없습니다. 어떤 모습으로 기억되든, 그것이 스스로 선택한 것이라면 괜찮습니다.

문제는 많은 엄마가 '좋은 엄마'라는 말만 붙잡은 채 그 안에 무엇을 담을지는 정하지 못한 채 지친다는 것입니다. 한 사람이 밥도 청소도 잘하며 돈도 많이 버는 다정한 엄마가 되기는 어렵습니다. 시간과 에너지는 한정되어 있기 때문입니다.

'좋은 엄마'는 너무 모호한 개념입니다. 그렇기 때문에 보다 중요한 것은 엄마로서 나에게 가장 중요한 가치가 무엇인지 정하는 일입니다. 고백하건대 저는 살림을 잘하는 엄마가 아닙니다. 그리고 저에게 가장 중요한 것은 늘 완벽하게 정리된 집 상태가 아니라 '아이와의 관계'입니다. 그래서 청소는 외주를 맡기고, 외주를 부르기 어려운 날은 대충 했습니다. 대신 그 시간과 에너지를 아이와 놀고 대화를 나누는 데 썼습니다.

가끔씩 이런 선택을 불편하게 보는 사람들도 있습니다. 예전에 청소가 덜 된 집 사진을 SNS에 올렸더니 "아이가 창피하겠다"는 댓글이 달린 적도 있었고요. 그렇지만 저는 아이의 기분과 마음이 집의 상태로만 결정된다고 생각하지 않습니다. 집이 깔끔해도 어떤 아이는 엄마의 잔소리에 숨이 막힐 수 있지 않을까요? 또 다른 아이는 집이 조금 어수선하더라도 엄마와의 관계가 편안해서 안정감을 느낄 수도 있고요. 아이에게 남는 기억은 완벽한 집이 아니라 집의 분위기일 때가 많습니다.

저는 아이에게 이런 질문을 던진 적이 있습니다.

"엄마한테 지금 한 시간이 생겼어. 집을 청소하는 게 좋을까,

아니면 너랑 보드게임을 하는 게 좋을까?"

이 질문은 아이에게 중요한 메시지를 하나 전합니다. 엄마가 모든 것을 다 할 수는 없다는 것, 엄마도 선택하고 조율하며 살아간다는 사실을 자연스럽게 가르쳐주는 것입니다.

완벽한 엄마는 존재하지 않습니다. 엄마도 한정된 자원 안에서 우선순위를 세우며 살아가는 한 사람일 뿐입니다. 좋은 엄마가 되려는 마음이 나를 몰아붙이기 시작한다면 질문을 바꿔보세요.

이 질문에 대답할 수 있다면 더 이상 SNS 속 기준에 맞추려 애쓰느라 지치지 않을 것입니다. 내가 가진 자원 안에서 관계를 지키는 선택을 할 수 있을 테니까요. 이런 선택들이 쌓이면 아이에게도 엄마의 존재는 긍정적인 기억으로 남게 됩니다.

저는 그 정도면 충분히 좋은 엄마라고 생각합니다.

이상적인 엄마 말고
'회복하는 엄마' 되기

행복한 관계의 조건

감정 조절, 결국 관계를
지키는 일입니다

　왜 감정 조절을 해야 할까요? 많은 사람이 감정 조절을 '착한 사람이 되기 위한 훈련'이라고 생각합니다. 화내지 않고 늘 차분하며 항상 좋은 사람으로 보이기 위한 노력이라고 여기는 것이죠. 여기서 생각해볼 점이 있습니다. 만약 인간이 사회적 존재가 아니라면 어떨까요? 그럼 감정을 조절할 필요가 없을 것입니다. 화날 때 마음 가는 대로 행동하며 있는 그대로 짜증 내도 되겠지요. 어차피 다른 사람과 의미 있는 관계를 맺지 않을 테니까요.

　감정대로 말하고 행동하는 사람은 누구하고든 오래도록 좋은 관계를 유지하기 어렵습니다. 우리가 살아가는 현실에서 그런 사람들은 결국 다른 이들과 조금씩 멀어지며 외롭게 살게 되겠지요. 즉, 우리가 감정 조절력을 키우기 위해 노력하는 까닭은 단순히 성격 훈련이나 예절 교육을 위해서가 아니라 관계를 지켜나가기 위해서입니다. 그것도 좋은 관계를 지켜나가기 위해서죠.

하버드 성인 발달 연구를 이끈 조지 베일런트는 『행복의 조건』에서 인간의 행복을 결정짓는 가장 중요한 요소로 '유의미한 관계'를 꼽았습니다. 우리가 아이에게 감정 조절을 가르치려는 이유 역시 아이가 다른 사람들과 좋은 관계를 유지하며 평생 행복하게 살아가길 바라기 때문입니다. 지금 말하는 관계는 인터넷 등에서 스쳐 지나가는 사람들이 아니라 자주 얼굴을 마주하는 가족, 친구, 동료와의 관계입니다. 우리는 대부분 이미 그런 관계 속에 살고 있습니다. 이 중에서도 특히 부모와 자녀의 관계는 우리 삶에서 가장 깊고 오래 지속되는 관계 중 하나입니다.

'우리 아이가 행복하게 살았으면 좋겠다.'

이 바람을 실현시키려면 가정에서부터 좋은 관계를 맺어야 합니다. 가정은 아이가 처음 경험하는 사회이니까요. 아이는 이 작은 사회 안에서 관계를 배우고 갈등을 경험하며 감정을 다루는 방법을 익힙니다. 그래서 엄마와 아빠가 감정을 조절하며 서로를 존중하는 모습을 보여주고, 그래야 하는 이유를 설명해주면 아이도 자연스럽게 관계를 지키는 방법을 배우게 됩니다.

저의 육아 목표는 우리 가족이 평생 서로 아끼며 잘 지내는 것입니다. 이 바람을 지키기 위해 지금도 감정을 배우고, 익히고, 또 아이에게 가르치고 있습니다.

솔직히 저 역시 원래부터 감정을 잘 다루는 사람은 아니었습니다. 앞에서도 말했듯이 어린 시절 감정을 건강하게 다루는 법을 배우지 못했기에 아이가 울음을 터뜨리면 어떻게 반응해야 할지 몰라 당황스러운 적도 많았지요. 아이가 감정을 자유롭게 표현하는 모습을 보며 억울한 마음이 올라올 때도 있었고요. 저는 어린 시절 그렇게 자유롭게 감정을 드러내지 못했으니까요.

이 같은 경험을 통해 저는 한 가지를 깨달았습니다. 아이를 키운다는 것은 부모도 함께 성장하는 과정이라는 사실입니다. 이 사실을 깨달은 뒤 저는 '있는 그대로의 나'를 부정하기보다 지금의 나를 이해하고 돌보는 연습을 시작했습니다. 더불어 어제보다 조금이라도 나아진 모습을 아이에게 보여주려고 노력했습니다. 그것이 아이에게 해줄 수 있는 가장 현실적인 교육이라고 생각했기 때문입니다.

많은 부모가 AI 시대의 변화 앞에서 불안을 느낍니다. '우리 아이가 어떤 직업을 가져야 하지?' 고민하기도 합니다. 하지만 10년, 20년 뒤의 직업이나 제도를 정확히 예측할 수 있는 사람은 아무도 없습니다. 그에 비해 엄마와 아빠가 감정을 조절하며 서로를 존중하는 모습을 보여주는 것은 이후 아이의 삶을 지탱하는 힘이 됩니다. 세상을 향해 발을 내디디는 아이에게, 어떤 어려운 상황에서도 돌아올 수 있는 곳

BOOK21

경제경영·인문

21세기북스는 급변하는 시대의 흐름 속에서 독자의 요구를 먼저 읽어내는 예리한 시각으로 〈칭찬은 고래도 춤추게 한다〉, 〈설득의 심리학〉 등 밀리언셀러를 출간하며 경제 경영 자기계발 분야의 독보적인 브랜드로서 자리매김했습니다.

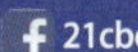 21cbooks  jiinpill21  21c_editors

북이십일의 문학 브랜드 아르테는 세계와 호흡하며 세계의 우수한 작가들을 만납니다. 국내에 소개되지 않은 혹은 잊혀서는 안 되는 작품들에, 새로운 가치를 담아 재창조하여 '깊고 아름다운 책'을 만들고자 합니다.

 21arte  21_arte  staubin

원 페이지 인문학

하루 5분이면 충분한 실천 인문학

김익한 지음 │ 값 19,900원

하루 한 장의 생각으로 단단해지는 내일 '아는 것'이 아니라 '사는 것'을 제안하는 365일 실천 인문학 하루 한 페이지, 5분이면 충분한 성장의 시간!

김형석, 백 년의 유산

106세 철학자가 길어 올린 최후의 인간학

김형석 지음 │ 값 22,000원

"백 년의 사유가 담긴 우리 시대 마지막 유산"
기네스 공식 인증, 현존 인류 최고령 저자
김형석 교수가 전하는 '만년(萬年)의 교양'

법의학자 유성호의 유언 노트

후회 없는 삶을 위한 지침서

유성호 지음 │ 값 19,900원

"죽음을 떠올릴 때 삶은 더 선명해진다"
매주 죽음을 만나는 서울대 유성호 교수가 일 년에 한 번 '유언'을 쓰며 발견한 인생의 진정한 가치와 의미, 어떻게 살아가야 할 것인가에 관한 고민과 성찰!

Philos 038

신을 찾는 뇌

종교는 어떻게 진화했는가

로빈 던바 지음 │ 구형찬 옮김 │ 값 30,000원

'던바의 수' '사회적 뇌' 사회성 연구의 대가 로빈 던바,
종교에 대한 과학적 연구 20년의 결정판
다학제간연구로 종교의 기원과 진화 목적을 밝히다

그레이트하모니 006

피델 & 체

불가능을 가능케 한 두 혁명가의 우정

사이먼리드헨리지음 | 값 39,800원

같고도 다른 두 혁명가의 우정을 통해 20세기 후반 냉전사와 혁명사를 꿰뚫다! 전설로 남은 두 혁명가의 일대기

이 있다는 감각과 있는 그대로의 자신을 받아주는 가족이 있다는 믿음은 그 무엇보다 단단한 마음의 뿌리로 자리 잡을 테니까요.

이렇게 느끼는 아이는 쉽게 무너지지 않습니다.

가장 먼저,
상처받은 나와 화해하기

　아이와 좋은 관계를 맺으려면 먼저 자기 자신과의 관계를 회복해야 합니다. 내가 나를 이해하고 받아들일 수 있어야 감정에 휘둘려 소리 지르고 화내는 패턴에서도 조금씩 벗어날 힘이 생기기 때문입니다.

　아이에게 화낸 뒤 '나는 나쁜 부모야'라고 생각하는 것은 종종 또 다른 자기 비난으로 이어집니다. 그래서 더 중요한 질문은 이것입니다.

　이것은 자신을 몰아붙이기 위한 질문이 아닙니다. 자기 이해를 위한 질문입니다. 어떤 상황에서 내 감정이 올라오는지 이해해야 같은 패턴에서 조금씩 벗어날 수 있기 때문입니다. 이 과정을 거치다 보면 한 가지 사실을 자연스럽게 마주하게 됩니다. 내 감정에 휘둘리면 아이에게 상처를 줄 수도 있다는 사실입니다. 그럴 때 필요한 것이 사과입니다. 부모의 실수로 상처받은 아이에게는 사과받을 권리가 있습니다.

이 한마디는 생각보다 큰 의미를 가집니다. 솔직히 어린아이에게 사과하는 일이 쉽지 않습니다. 예전에는 어른이 사과하면 '지는 것'처럼 여겨지는 문화가 있었기 때문입니다. 지금도 사회 곳곳에서 그런 흔적을 볼 수 있습니다. 그렇지만 진심으로 사과하는 부모를 보며 아이는 중요한 사실을 배웁니다.

갈등이 생겼다가 다시 회복되는 경험은 아이에게 매우 중요한 정서적 자산이 됩니다. 이 경험은 아이가 관계 속에서 자신의 마음을 건강하게 지키는 힘으로 이어집니다. 가능하다면 아이가 깨어 있을 때 눈을 보며 사과하세요. 앞에서도 말했듯이 잠든 아이의 손을 잡고 눈물

흘리는 것만으로는 관계가 회복되지 않으니까요.

실수를 인정하고 진심으로 사과하는 사람은 약한 사람이 아닙니다. 오히려 관계를 지킬 줄 아는 성숙한 사람입니다. 진심으로 사과하면 관계는 이전보다 더 단단해질 수 있습니다. 여기에서 우리는 다시 중요한 질문으로 돌아옵니다.

아이와의 관계, 배우자와의 관계, 부모와의 관계도 중요합니다. 다만 이 모든 관계의 바탕에는 나 자신과의 관계가 있습니다. 나에게는 나를 돌보고 회복시켜줄 책임이 있습니다. 때로는 나에게도 사과해보세요. 비난하거나 불쌍하게 여기지 말고 그동안 나를 잘 돌보지 못했다면 미안하다고 말해주는 것입니다. 나의 감정을 제대로 알아보지 못하고 지나쳤다면 "그동안 몰라줘서 미안해"라고 말한 뒤 내 감정을 알아차리는 연습을 시작해보세요.

이 같은 두려움 때문에 내 마음을 계속 외면하면 나 자신과도 건강한 관계를 맺기 어렵습니다. 감정 조절을 완벽하게 하지 못해도 괜찮습니다. 완벽한 엄마가 되는 것보다, 회복하는 엄마가 되는 것이 더 중요합니다. 세상에 완벽한 가정도, 완벽한 엄마도, 완벽한 아이도 없기 때문입니다.

그동안 방치해온 나에게 이렇게 말해보세요. 사과는 끝이 아니라 관계를 다시 세우는 시작입니다. 이 과정을 통해 마음은 조금씩 회복되고 관계는 다시 살아납니다.

일상이 단단해지는
'감정 질문'의 힘

감정 조절의 첫 단계는 질문입니다. 질문하는 순간 우리는 소용돌이치는 감정에서 한 걸음 물러나 내 마음을 바라보게 됩니다. 심리학에서는 이런 과정을 '자기 성찰' 또는 '메타인지'라고 합니다. 자신의 생각과 감정을 한 번 더 들여다보는 능력을 가리키는 표현이지요.

감정에 이름을 붙이는 과정은 감정 조절에 도움이 됩니다. 자신의 감정을 인식하고 말로 표현할 때 감정 반응을 담당하는 뇌 영역의 활성은 줄어들고, 판단과 조절을 담당하는 전전두엽의 활동이 증가하는 경향이 나타납니다. 다시 말해 감정을 알아차리는 것 자체가 감정 조절의 시작이 되는 것입니다.

감정 조절에서 가장 중요한 출발점은 자신의 마음에 대해 궁금해하는 태도입니다. 지금 느끼는 감정의 이유를 알아야 내가 어떤 상태인지 이해하고 에너지를 어떻게 사용할지 선택할 수 있기 때문입니다.

문제는 많은 부모가 어릴 때 이런 질문을 받아본 경험이 많지 않다는 점입니다. 그래서 스스로에게 어떤 질문을 해야 할지 막막하게 느끼기도 하지만 좌절할 필요는 없습니다. 질문은 타고나는 능력이 아니라 연습을 통해 길러지는 능력이기 때문입니다.

부모가 자신의 내면에 귀 기울이며 살아가면 아이에게도 자연스럽게 질문하게 됩니다.

"지금 기분이 어때?"
"마음은 어떨까?"

반복해서 이런 질문을 받다가 스스로에게도 해본 아이는 자신의 감정을 알아차리고 표현하는 법을 조금씩 깨우치게 됩니다. 결국 아이에게 감정 질문을 던지는 이유는 아이가 스스로에게 질문할 수 있는 힘을 길러주기 위해서입니다. 다만 질문을 사용할 때는 몇 가지 주의할 점이 있습니다.

먼저 훈육이 필요한 상황에서는 질문보다 지시와 설명이 먼저입니다. 예를 들어 아이가 위험한 행동을 했을 때 "왜 이걸 하면 안 될까?"

라고 묻는다면 아이는 혼란스러워질 수 있습니다. 아직 그 행동이 왜 위험한지 충분히 배우지 못했기 때문입니다. 이런 상황에서는 질문보다 명확한 안내가 필요합니다.

폭력을 쓰는 행동처럼 분명히 금지해야 할 일이 있을 때도 마찬가지입니다. 이런 상황에서는 질문보다 경계를 짓는 것이 먼저입니다.

또 하나 주의할 점은 실제로 선택권이 없는 상황에서 질문을 던지는 것입니다.

아이가 어떤 선택을 하더라도 결국 부모가 "그건 아니잖아"라고 막을 생각이라면 이 질문은 아무런 도움이 되지 않습니다. 경험과 정보가 부족한 아이에게 반복되는 질문은 선택의 기회가 아니라 부담과 불안이 될 수도 있습니다.

질문은 아이를 몰아붙이는 도구가 아니라 내면을 성찰하고 생각을 확장하기 위한 도구입니다. 질문이 함정처럼 사용되면 아이는 질문 자체를 두려워하게 됩니다. 질문은 언제나 아이가 스스로 생각할 수 있도록 돕는 방식으로 사용되어야 합니다. 질문이 아이에게 생각할 공간을 열어줄 때 비로소 아이는 자신의 마음을 이해하고 감정을 조절하는 힘을 조금씩 키워갈 수 있습니다.

어제보다 조금 더
다정해진 나를 안아주세요

　여기까지 오느라 정말 수고 많으셨습니다. 삶을 바꿔보겠다고 결심하고 행동으로 옮기는 일은 생각보다 쉽지 않습니다.

　새로운 습관을 만들 때 가장 조심해야 할 것은 타인과의 비교입니다. 특히 나보다 훨씬 오랜 시간 같은 습관을 만들어 온 사람과 자신을 비교하는 일은 스스로에게 매우 불공평한 일입니다. 예를 들어 저는 심리학자 아버지와 교육학자 어머니 아래서 자랐고, 대학원에서 10년 동안 심리학을 공부했습니다. 그러니 아이를 대하는 방식은 아주 긴 시간 훈련한 결과입니다.

　때때로 비슷한 조건에서도 잘해내는 듯 보이는 사람들을 보며 이런 생각이 들 수도 있습니다.

누구나 자기 자신을 다른 사람과 비교하곤 합니다. 이는 모든 인간에게 자연스럽게 생기는 마음입니다. 다만 남과 비교하며 스스로를 비난할 필요는 전혀 없습니다. 한 번도 자신의 감정과 마음을 궁금해하지 않았던 사람이 처음으로 '오늘 나는 어떻게 지냈지?'라고 스스로에게 질문했다면, 그것은 분명한 성장입니다. 1분이라도 나 자신에게 관심을 기울였다면 이미 삶의 방향을 바꾼 것이기 때문입니다.

우리 사회는 '성장'보다 '성과'를 더 좋아하는 경향이 있습니다. 그러나 성과는 과정을 중시하지 않는 결과고, 성장은 과정을 통해 쌓여가는 결과입니다.

사실 인생의 최종 결과는 죽는 순간에만 알 수 있습니다. 지금 당장 아무리 좋은 성과를 내더라도 인생의 과정에서 얼마든지 바뀔 수 있으니까요. 중요한 것은 경험을 통해 매일 조금씩 성장하는 일입니다. 어제보다 조금 나아지는 것, 그 작은 변화가 쌓여 삶의 방향을 바꿉니다. 스스로의 성장을 알아보고 지지할 수 있을 때 자존감도 함께 자랍니다.

엄마가 성장의 관점으로 자기 자신을 바라보면 아이 역시 그런 관점으로 바라봅니다. 반면에 나를 성과로만 평가하면 아이도 스스로를 성과 중심으로 해석하게 되고요. 만약 지금 내가 불행하게 느껴진다면 자신의 기준이 성과인지 성장인지 점검해볼 필요가 있습니다.

'좋은 엄마', '완벽한 엄마'라는 기준 역시 성과 비교에서 만들어진 것이기 때문입니다. 앞으로는 성장과 회복, 가족의 관계처럼 정말 중요한 가치에 초점을 맞춰보세요.

이제 초등학교 저학년을 막 벗어난 제 아이는 6개월, 1년 전에는 상상하지 못했던 것들을 매일 해내고 있습니다. 저는 매일 아침 그런 아이를 보며 새삼 놀랍니다. 그리고 참 멋지다고 느낍니다. 물론 성과 중심의 시선으로 보면 다른 생각이 들 수도 있습니다.

그렇지만 이것은 제게 그렇게 중요한 문제가 아닙니다. 아이는 그 시간에 다른 것에 몰두했고, 그만큼 그 분야에서 성장했기 때문입니다. 저는 그 성장을 엄마로서 함께 즐기고 있습니다.

성장은 어느 날 갑자기 나타나는 변화가 아닙니다. 이를테면 하루에 한 문장을 쓴다고 해서 당장 다른 사람이 되지는 않습니다. 하지만 시간이 지나면서 쌓인 다음 뒤돌아보면, 놀랄 만큼의 성장이 있었다는 것을 알게 됩니다.

관계도 마찬가지입니다. 하루에 한마디라도 대화를 나누는 가족과 온종일 아무 대화 없이 지내는 가족은 한 달 뒤, 1년 뒤, 10년 뒤의 관계가 다를 수밖에 없습니다. 목표를 '완벽'으로 잡지 마세요. 하루에 열 번 짜증 내는 사람이 '이제부터 한 번도 짜증 내지 않겠다'라고 결심하면 자기 비난의 악순환에 빠지기 쉽습니다. 완벽이라는 환상에서 벗어나 앞으로는 이렇게 생각해보세요.

> '내일은 딱 한번만 짜증을 덜 내야지.'
> '오늘 감정 질문 하나에 답했다면 내일은 3개에 답해보자.'
> '지난주에는 한 줄만 썼으니까 이번 주에는 세 줄을 써봐야지.'

이 책은 감정 조절을 잘하는 엄마가 되기 위한 시작점입니다. 자신의 마음과 감정에 관심을 갖고 질문하기 시작했으니, 앞으로 그 방향으로 행동을 쌓아가면 됩니다. 매일의 작은 행동이 쌓여 여러분은 스스로의 마음을 더 잘 이해하게 될 것입니다.

어제보다 조금 더 자신을 이해하게 된 여러분에게 진심으로 박수를 보내며, 앞으로 계속 성장해나갈 여러분을 응원합니다.

하루 세 문장,
감정 조절 필사

'감정을 읽고 쓰는 연습'을
시작해볼까요?

지금까지 우리가 왜 쉽게 지치고 흔들리는지, 왜 아이보다 먼저 내 감정을 들여다봐야 하는지 함께 살펴봤습니다. 이제부터는 그 이해를 하루의 연습으로 옮겨보려 합니다. 감정 조절력은 단순히 '감정을 아는 것'만으로는 길러지지 않습니다. 하루에 한 번 내 마음을 읽고 쓰고 돌아보는 작은 반복이 쌓여야 비로소 내 것이 됩니다. 지금부터 하루 한 장씩 감정을 찬찬히 들여다보는 연습을 시작해봅시다.

1

오늘의 감정 단어를 읽으며 하루의 감정을 한 단어로 붙잡아보세요. 막연히 '짜증'이라고만 느꼈던 마음 뒤에 실망, 외로움, 두려움 같은 다른 감정이 숨어 있다는 것을 알게 될지도 모릅니다.

2

감정 온도계를 통해 지금 내 마음의 온도가 몇 도쯤인지 표시해보세요. 어떤 상황에서 흔들리고 무엇이 나를 진정시키는지 감정의 패턴이 조금씩 보이기 시작할 것입니다.

3

하루에 하나씩 아이에게 하는 감정 질문을 던져보세요. 이런 질문이 쌓일수록 아이도 자기 마음을 말로 표현하는 힘을 조금씩 키워갈 수 있습니다.

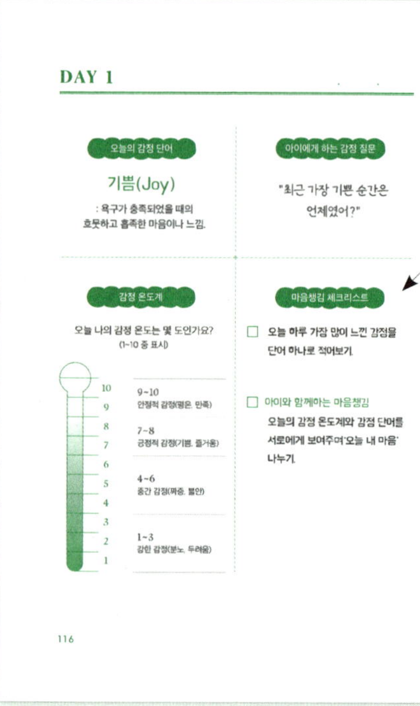

반드시 1일부터 순서대로 쓸 필요는 없습니다.

오늘 내 마음이 가는 페이지부터 펼쳐도 좋고, 힘들면 잠시 쉬었다가 다시 돌아와도 괜찮습니다. 중요한 것은 이 책을 빈틈없이 채우는 일이 아니라, 내 감정을 돌보는 연습이 일상의 다정한 습관으로 자리 잡는 것이니까요.

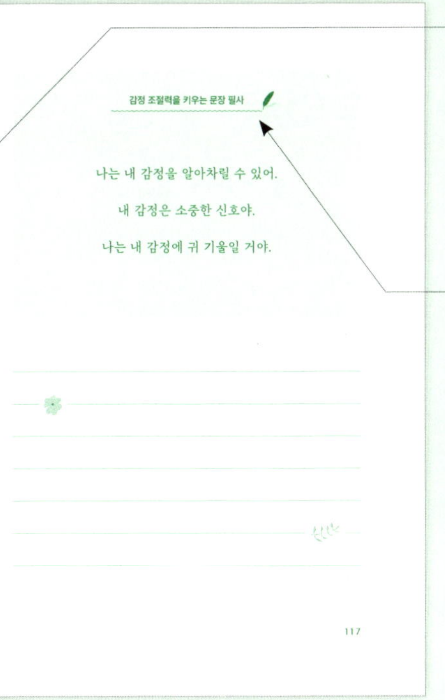

4

마음챙김 체크리스트로 오늘의 감정을 조금 더 구체적으로 들여다보세요. 내 마음을 이해할수록 아이와 감정에 대해 나누는 대화도 더 깊어질 것입니다.

5

감정 조절력을 키우는 문장 필사를 천천히 따라 써보세요. 필사는 단순히 눈으로만 읽는 것과는 다릅니다. 하루 세 문장씩만 손으로 따라 쓴다면 그 문장들이 마음에 조금씩 스며들 것입니다. 감정 조절력 역시 머리로 아는 것만으로는 길러지지 않습니다. 반복해서 읽고, 쓰고, 마음에 새기는 과정이 쌓여야 비로소 나의 힘이 됩니다.

감정을 알아차리는 연습

감정이 있다는 사실을 인정하는 단계

첫 주부터 너무 잘하려고 욕심부리지 마세요.

그저 '아, 내가 이런 감정을 느끼고 있구나',

하루 한 번 들여다보는 연습이면 충분합니다.

많은 엄마가 감정 조절 연습의 목표가 '화 줄이기'라고 생각하지만,

화는 나쁜 것이 아닙니다. 때로는 삶의 원동력이 되기도 하지요.

그러니 내 감정을 알아치리고 적절하게 조절하는 것이 목표입니다.

어떤 날은 질문을 못 할 수도 있고, 필사를 건너뛰게 되기도 할 것입니다.

그래도 괜찮습니다.

감정을 알아차리려는 노력만으로도

이미 변화는 시작됐으니까요.

DAY 1

오늘의 감정 단어

기쁨(Joy)

: 욕구가 충족되었을 때의
흐뭇하고 흡족한 마음이나 느낌.

아이에게 하는 감정 질문

"최근 가장 기쁜 순간은
언제였어?"

감정 온도계

오늘 나의 감정 온도는 몇 도인가요?
(1~10 중 표시)

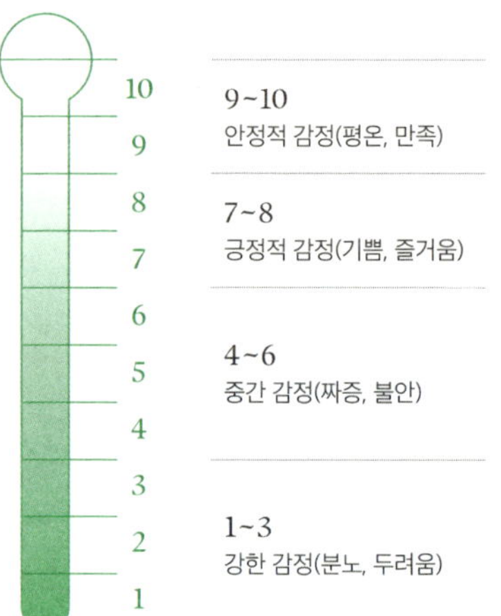

마음챙김 체크리스트

☐ 오늘 하루 가장 많이 느낀 감정을
단어 하나로 적어보기.

☐ 아이와 함께하는 마음챙김
오늘의 감정 온도계와 감정 단어를
서로에게 보여주며 '오늘 내 마음'
나누기.

나는 내 감정을 알아차릴 수 있어.

내 감정은 소중한 신호야.

나는 내 감정에 귀 기울일 거야.

DAY 2

슬픔(Sadness)

: 분하고 억울한 일을 겪거나
불쌍한 일을 봐서 아프고 괴로운 마음.

"슬플 때 스스로에게
해주는 말이 있어?"

오늘 나의 감정 온도는 몇 도인가요?
(1~10 중 표시)

☐ 편안한 자세로 앉아 눈을 감고
2분간 심호흡하기.

☐ 아이와 함께하는 마음챙김
심호흡하면서 어떤 기분인지
서로 이야기 나누기.

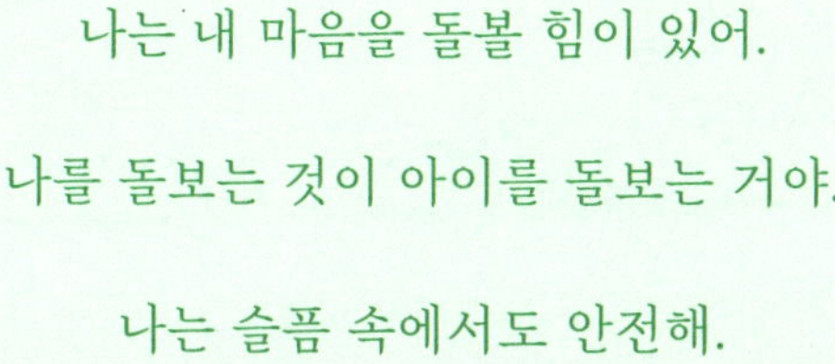

나는 내 마음을 돌볼 힘이 있어.

나를 돌보는 것이 아이를 돌보는 거야.

나는 슬픔 속에서도 안전해.

DAY 3

분노(Anger)

: 몹시 분하게 여겨 크게 화를 냄.

아이에게 하는 감정 질문

"화날 때
몸에 어떤 변화가 있어?"

감정 온도계

오늘 나의 감정 온도는 몇 도인가요?
(1~10 중 표시)

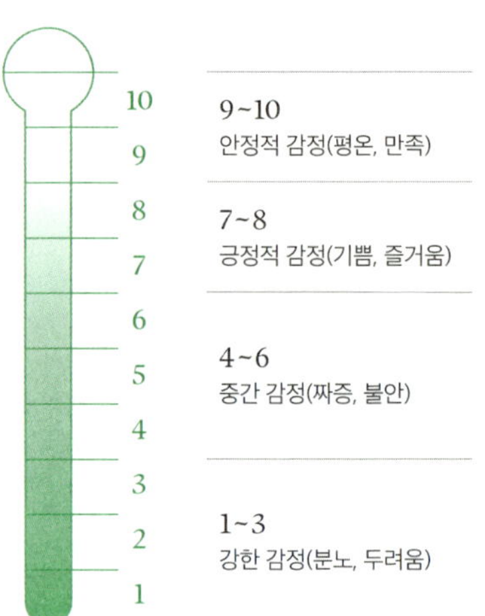

9~10
안정적 감정(평온, 만족)

7~8
긍정적 감정(기쁨, 즐거움)

4~6
중간 감정(짜증, 불안)

1~3
강한 감정(분노, 두려움)

마음챙김 체크리스트

☐ 화날 때 몸의 어떤 부위가
긴장되는지 생각해보기.

☐ 아이와 함께하는 마음챙김
화날 때 긴장되는 몸의 부위에 대해
아이와 이야기한 다음, 그 부위를
서로 만져주기.

이 감정은 곧 지나갈 거야.

나는 화가 나도 사랑을 선택할 수 있어.

나는 내 감정으로 나와 아이를 공격하지 않을 거야.

DAY 4

불안(Anxiety)

: 무언가 잘못될까 봐
마음이 편하지 아니하고 조마조마함.

"이달에 불안했던 적이 있어?"

오늘 나의 감정 온도는 몇 도인가요?
(1~10 중 표시)

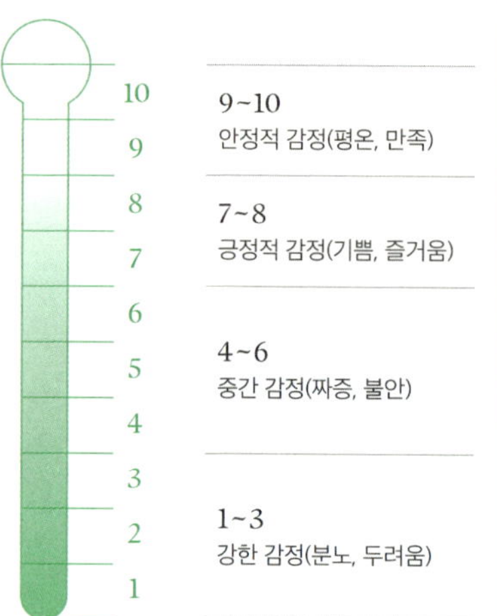

9~10	안정적 감정(평온, 만족)
7~8	긍정적 감정(기쁨, 즐거움)
4~6	중간 감정(짜증, 불안)
1~3	강한 감정(분노, 두려움)

☐ 거울을 보면서
"나는 충분히 잘하고 있어"라고
큰 소리로 3번 말하기.

☐ 아이와 함께하는 마음챙김
서로의 눈을 바라보며
"괜찮아, 우리 함께 있어"라고
말해주기.

나는 불안해도 용기 내서 나아갈 거야.

나는 내 감정을 말로 표현할 수 있어.

나는 내 마음을 이해하고 다독일 거야.

DAY 5

짜증(Irritation)

: 마음에 꼭 맞지 아니하여
발칵 못마땅함을 드러내는 감정 상태.

아이에게 하는 감정 질문

"짜증이 날 때 어떻게 해주면
도움이 될까?"

감정 온도계

오늘 나의 감정 온도는 몇 도인가요?
(1~10 중 표시)

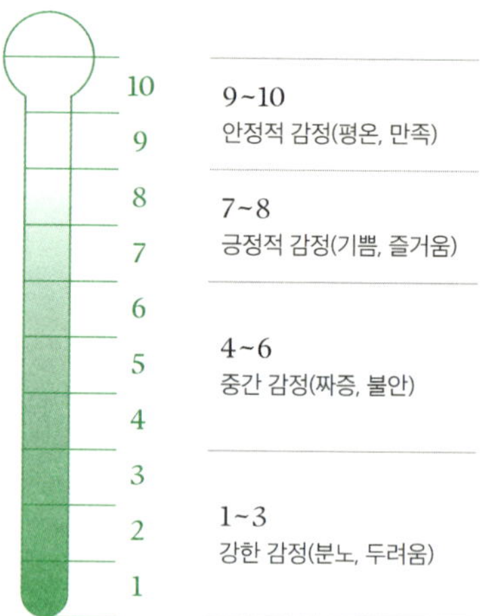

마음챙김 체크리스트

☐ 짜증이 느껴지는 순간에 잠시 멈춰서
'왜 짜증이 났지?' 스스로에게 묻기.

☐ 아이와 함께하는 마음챙김
서로가 짜증이 날 때 하는 행동을
이야기해주고, 더 나은 행동을
고민해보기.

가끔 짜증이 날 수도 있어.

짜증이 나는 것은 내가 힘들다는 신호야.

짜증이 나는 것과 짜증을 내는 것은 달라.

DAY 6

서운함(Hurt)

: 마음에 모자라 아쉽거나 섭섭한 느낌.

"오늘 친구 때문에
서운한 일은 없었어?"

오늘 나의 감정 온도는 몇 도인가요?
(1~10 중 표시)

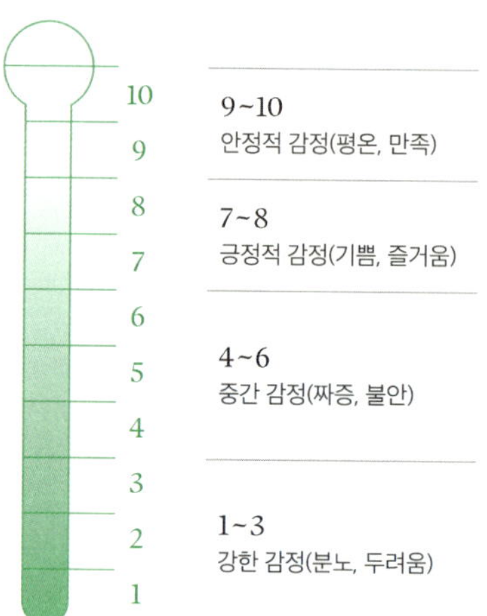

☐ 최근 속상했던 일을 털어놓으며,
그때 마음과 몸이 어떻게 변화했는지
자세히 적어보기.

☐ 아이와 함께하는 마음챙김
서로의 속상한 일을 읽어주고
말없이 꽉 안아주기.

모든 힘든 감정은 지나가는 구름과 같아.

나는 불편한 감정을 성장의 기회로 삼을 수 있어.

나는 감정을 회피하지 않고 마주할 수 있어.

DAY 7

안도(Relief)

: 어떤 일이 잘 진행되어 마음을 놓음.

"누구랑 있을 때
가장 편안한 기분이야?"

오늘 나의 감정 온도는 몇 도인가요?
(1~10 중 표시)

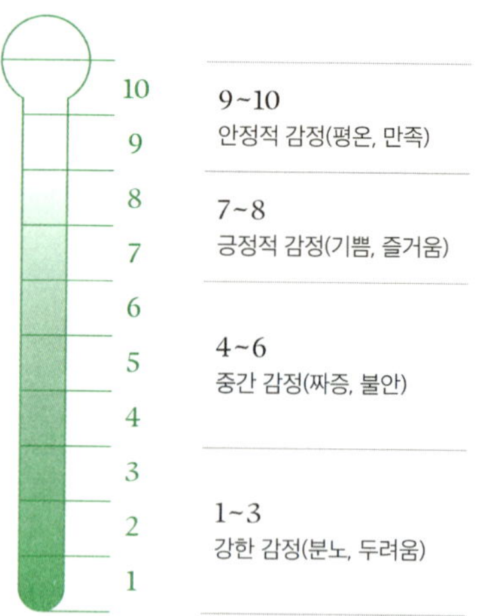

9~10
안정적 감정(평온, 만족)

7~8
긍정적 감정(기쁨, 즐거움)

4~6
중간 감정(짜증, 불안)

1~3
강한 감정(분노, 두려움)

☐ 최근 가장 마음이 편했던 순간에
대해 한 줄로 적어보기.

☐ 아이와 함께하는 마음챙김
서로의 감정 단어를 말해준 다음
'그렇구나' 하고 그대로 받아주기.

나는 지금 충분히 안전해.

나는 나에게 휴식을 허락할 거야.

나와 아이는 서로에게 편안한 존재야.

감정을 표현하는 연습

감정을 밖으로 꺼내는 단계

둘째 주부터는 내 감정의 이름을 알아볼 거예요.

짜증 난다고 느낄 때, 그게 정말 짜증인지 고민해본 적 있나요?

분노, 걱정, 실망, 외로움 등 다양한 감정을

'짜증'이란 단어 하나로 뭉뚱그려 표현하고 있지는 않나요?

내 감정의 정확한 이름을 파악하면, 조절하기도 수월해집니다.

우리는 언어를 통해 소통하는 사회적 동물이니까요.

무언가를 제대로 알려면

단어의 의미까지 정확히 이해해야 하지요.

감정 어휘를 알면 알수록,

감정 조절의 전략 역시 명확해집니다.

DAY 8

걱정(Worry)

: 안심이 되지 않아 속을 태우는 마음.

오늘의 감정 단어

아이에게 하는 감정 질문

"걱정이 있을 때
어떻게 행동하게 돼?"

감정 온도계

오늘 나의 감정 온도는 몇 도인가요?
(1~10 중 표시)

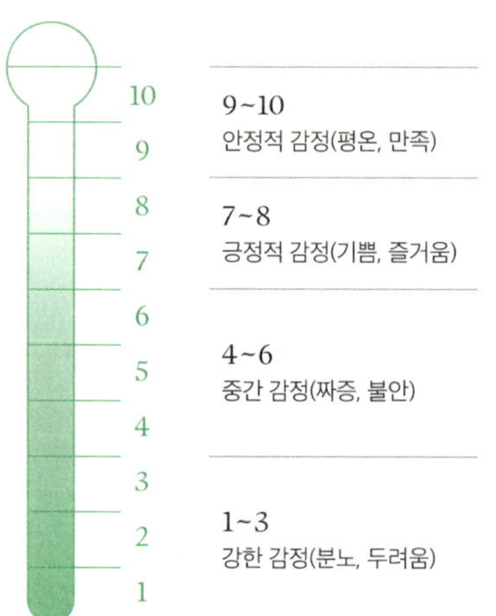

10 9	**9~10** 안정적 감정(평온, 만족)
8 7	**7~8** 긍정적 감정(기쁨, 즐거움)
6 5 4	**4~6** 중간 감정(짜증, 불안)
3 2 1	**1~3** 강한 감정(분노, 두려움)

마음챙김 체크리스트

☐ 지금 머릿속에 떠오르는 걱정을
5가지 적어보기.

☐ 아이와 함께하는 마음챙김
각자 적은 것을 손으로 힘껏 구겨서
쓰레기통에 버리기.

내가 걱정하는 일은 일어나지 않을 가능성이 높아.

나는 내 걱정을 잘 다룰 수 있어.

나는 지금 집중해야 할 일을 찾을 거야.

DAY 9

실망(Disappointment)

: 바라던 일이 뜻대로 되지 않아서
마음이 몹시 상함.

"원하는 일이 잘 이뤄지지 않을 때,
어떤 말을 들으면 마음이 나아져?"

오늘 나의 감정 온도는 몇 도인가요?
(1~10 중 표시)

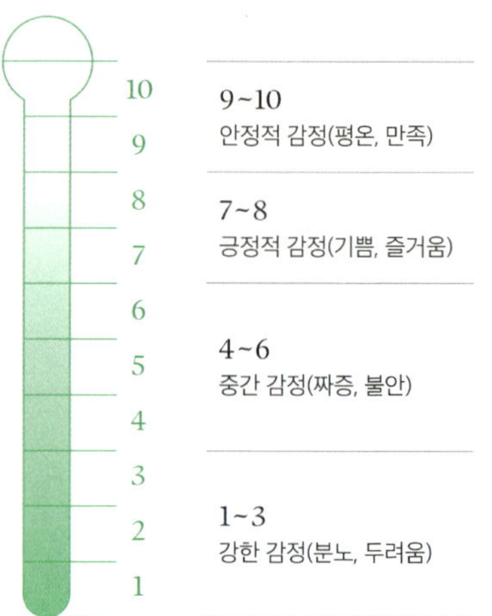

9~10
안정적 감정(평온, 만족)

7~8
긍정적 감정(기쁨, 즐거움)

4~6
중간 감정(짜증, 불안)

1~3
강한 감정(분노, 두려움)

☐ 이번 주에 실수했던 순간을 떠올리고
"실수해도 괜찮아"라고 스스로에게
말해주기.

☐ 아이와 함께하는 마음챙김
아이와 꼭 껴안은 채로 최근 가장
창피했던 일을 서로에게 말해주기.

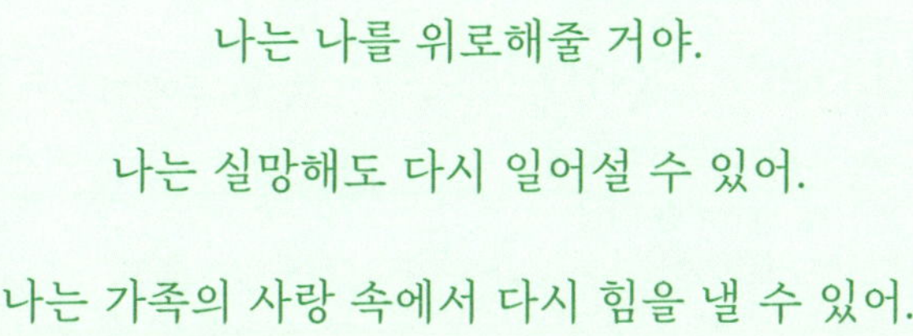

나는 나를 위로해줄 거야.

나는 실망해도 다시 일어설 수 있어.

나는 가족의 사랑 속에서 다시 힘을 낼 수 있어.

DAY 10

좌절(Frustration)

: 어떠한 계획이나 일 따위가 도중에
실패로 돌아갔을 때 느끼는 마음.

아이에게 하는 감정 질문

"이번 주에 마음이 제일
복잡했던 순간은 언제였어?"

감정 온도계

오늘 나의 감정 온도는 몇 도인가요?
(1~10 중 표시)

마음챙김 체크리스트

☐ 이달에 포기하고 싶었지만
결국 해낸 일 떠올려보기.

☐ 아이와 함께하는 마음챙김
결국 해냈을 때의 기분을 나누고
'잘했어' 칭찬해주기.

내 감정은 나의 일부지만 전부는 아니야.

감정에는 옳고 그름이 없어.

나는 나를 다정하게 대할 거야.

DAY 11

부끄러움(Shame)

: 떳떳하지 못하거나 수줍은 마음.

"오늘 너의 마음은
무슨 색깔이었어?"

오늘 나의 감정 온도는 몇 도인가요?
(1~10 중 표시)

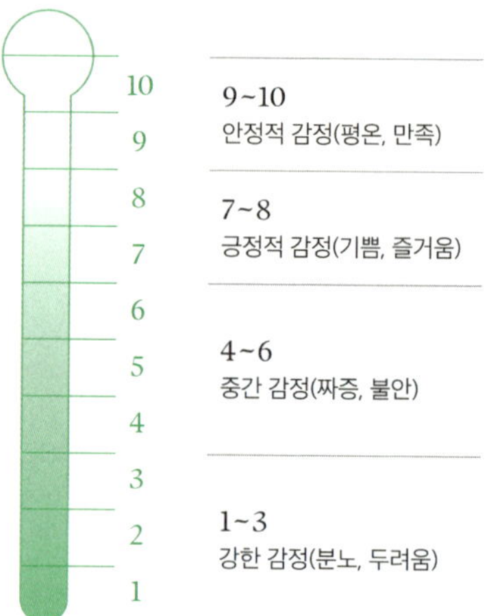

☐ 1분 동안 배에 손 얹고 호흡
　관찰하기.

☐ 아이와 함께하는 마음챙김
　서로 부끄러웠던 순간을 하나씩
　털어놓기.

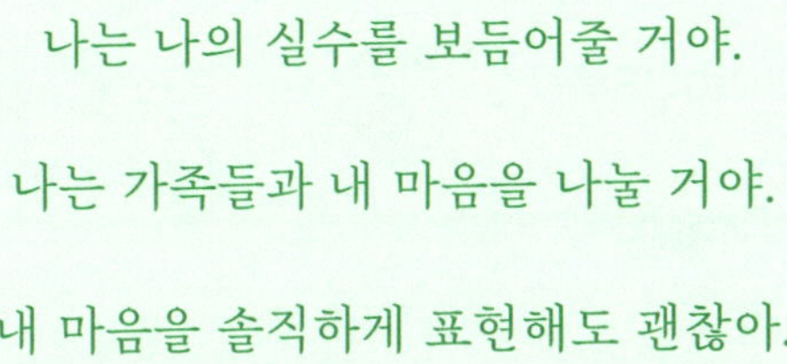

나는 나의 실수를 보듬어줄 거야.

나는 가족들과 내 마음을 나눌 거야.

내 마음을 솔직하게 표현해도 괜찮아.

DAY 12

질투(Jealousy)

: 다른 사람이 잘되거나 좋은 처지에
있는 것을 미워하고 깎아내리려는 마음.

"친구를 부러워하거나
질투한 적이 있어?"

오늘 나의 감정 온도는 몇 도인가요?
(1~10 중 표시)

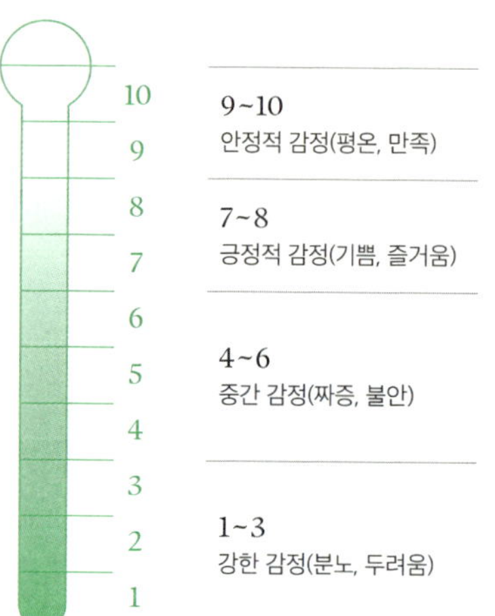

☐ 최근에 질투를 느낀 순간을 5문장
이상으로 구체적으로 써보기.

☐ 아이와 함께하는 마음챙김
서로의 특별한 점에 대해서 1분간
말해주기.

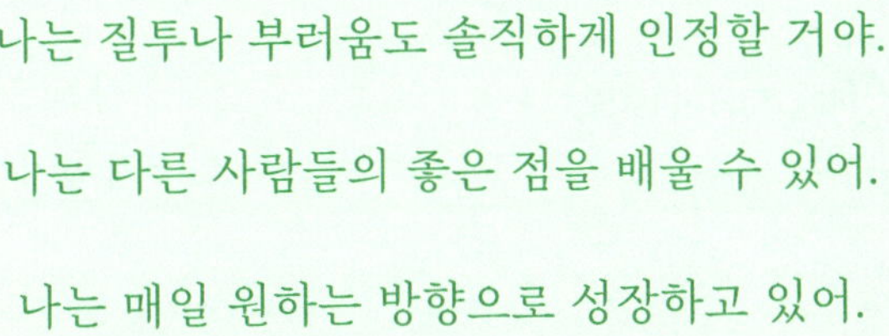

나는 질투나 부러움도 솔직하게 인정할 거야.

나는 다른 사람들의 좋은 점을 배울 수 있어.

나는 매일 원하는 방향으로 성장하고 있어.

DAY 13

외로움(Loneliness)

: 홀로 되어 쓸쓸한 마음.

아이에게 하는 감정 질문

"언제 가장 외롭다는
생각이 들어?"

감정 온도계

오늘 나의 감정 온도는 몇 도인가요?
(1~10 중 표시)

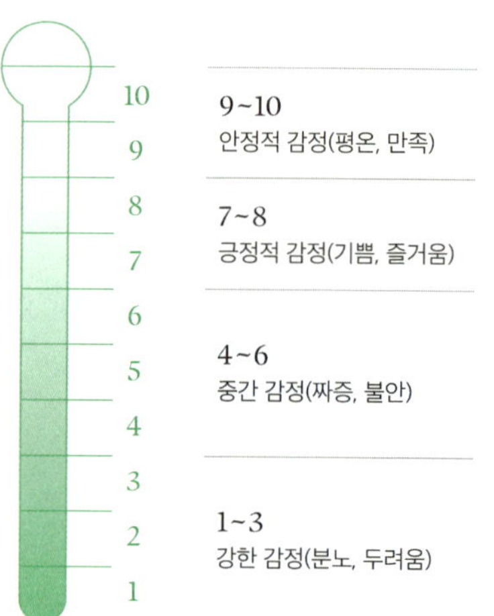

10 9	9~10 안정적 감정(평온, 만족)
8 7	7~8 긍정적 감정(기쁨, 즐거움)
6	
5 4	4~6 중간 감정(짜증, 불안)
3 2 1	1~3 강한 감정(분노, 두려움)

마음챙김 체크리스트

☐ 10초간 두 팔로 나를 감싸며
스스로를 안아주기.

☐ 아이와 함께하는 마음챙김
서로를 안아주며 "언제나 네 편이야"
라고 말해주기.

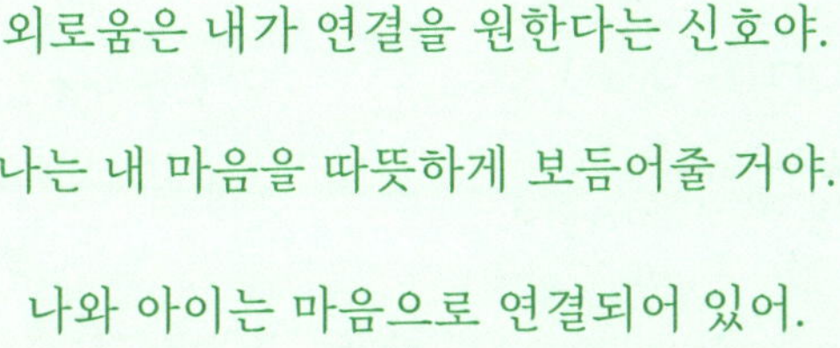

외로움은 내가 연결을 원한다는 신호야.

나는 내 마음을 따뜻하게 보듬어줄 거야.

나와 아이는 마음으로 연결되어 있어.

DAY 14

감사(Gratitude)

: 도움을 받거나 은혜를 입어
마음에 차오르는 흐뭇하고 벅찬 감정.

"오늘 가장 감사했던
순간은 언제였어?"

오늘 나의 감정 온도는 몇 도인가요?
(1~10 중 표시)

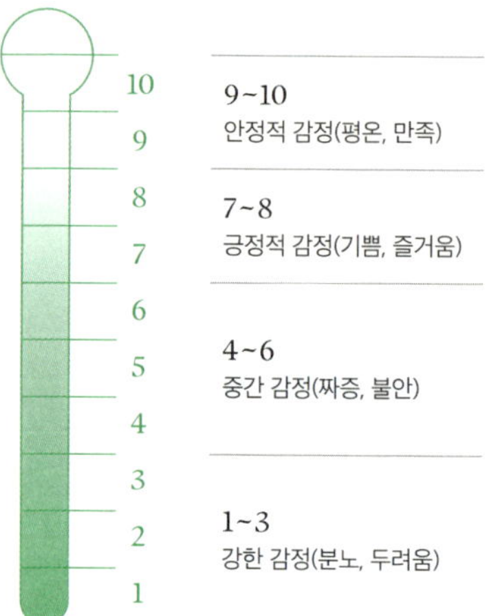

☐ 오늘의 감사한 일 3가지 적어보기.

☐ 아이와 함께하는 마음챙김
서로에게 고마운 점 3가지씩
말해주기.

나는 곁에 있는 가족들 덕분에 든든해.

나는 삶의 작은 것들에도 감사해.

나는 가족의 사랑으로 힘을 얻어.

감정을 조절하는 연습

조절에서 회복으로 넘어가는 단계

셋째 주에는 스스로에게 애정을 듬뿍 줄 거예요.

자기 자신에게 관심을 갖고,

실수했다고 미워하지 않는 연습을 해보는 것입니다.

스스로를 사랑하지 않고, 존중하지 않으면

아이 역시 온전하게 사랑할 수 없으니까요.

나를 바라보는 시각으로 아이를 바라보게 되기 때문이지요.

중요한 점은 언제나 '나는 나쁜 엄마가 아니다'라는

사실을 기억하는 것입니다.

지금도 아이와의 관계를 위해 스스로를 파악하고,

감정 조절 능력을 키우려고 노력하고 있잖아요.

노력하는 엄마, 성장하는 엄마인 여러분은

아이와의 관계를 좋은 방향으로 변화시킬 수 있습니다.

DAY 15

억울(Injustice)

: 아무 잘못 없이 꾸중을 듣거나
벌을 받거나 하여 분하고 답답함.

"어떤 일이 있을 때
억울한 마음이 생겨?"

오늘 나의 감정 온도는 몇 도인가요?
(1~10 중 표시)

9~10
안정적 감정(평온, 만족)

7~8
긍정적 감정(기쁨, 즐거움)

4~6
중간 감정(짜증, 불안)

1~3
강한 감정(분노, 두려움)

☐ 억울했던 순간을 떠올리고
"나는 내 편이야"라고 스스로에게
말해주기.

☐ 아이와 함께하는 마음챙김
최근에 가장 억울했던 일을
서로에게 이야기하기.
상대방의 말을 끊지 말고
끝까지 들어주기.

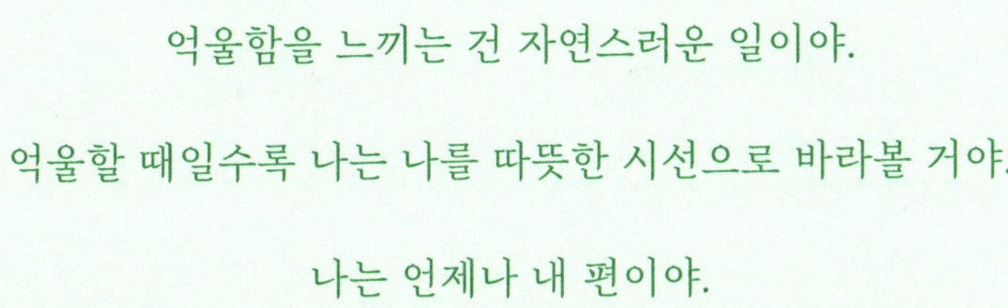

억울함을 느끼는 건 자연스러운 일이야.

억울할 때일수록 나는 나를 따뜻한 시선으로 바라볼 거야.

나는 언제나 내 편이야.

DAY 16

답답함(Stuffiness)

: 어떤 일이 뜻대로 되지 않거나
잘 풀리지 않아 애타고 안타까운 마음.

"최근 마음이 가장
답답한 순간은 언제였어?"

오늘 나의 감정 온도는 몇 도인가요?
(1~10 중 표시)

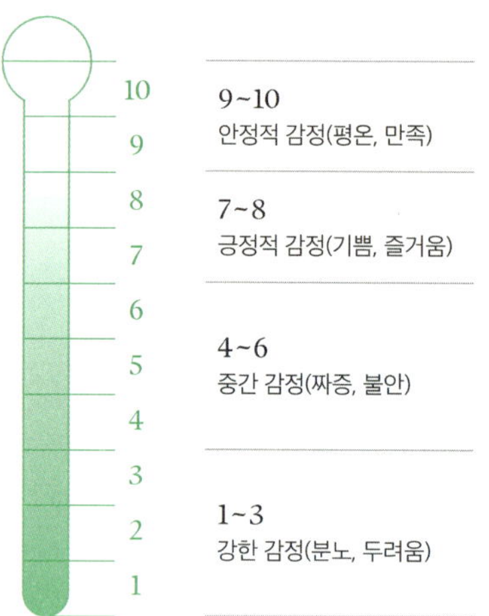

☐ 팔을 위로 들고 제자리에서
10번 점프하기.

☐ 아이와 함께하는 마음챙김
좋아하는 노래를 틀고 함께
몸을 움직이며 춤추기.

답답함은 내가 변화를 원한다는 신호야.

나는 감정과 행동을 분리할 수 있어.

나는 숨을 고르며 차분히 행동할 수 있어.

DAY 17

긴장(Nervous)

: 분위기가 평온하지 않아서
마음을 조이고 정신을 바짝 차린 상태.

아이에게 하는 감정 질문

"긴장하면 몸에
어떤 변화가 일어나?"

감정 온도계

오늘 나의 감정 온도는 몇 도인가요?
(1~10 중 표시)

10	9~10
9	안정적 감정(평온, 만족)
8	7~8
7	긍정적 감정(기쁨, 즐거움)
6	
5	4~6
4	중간 감정(짜증, 불안)
3	
2	1~3
1	강한 감정(분노, 두려움)

마음챙김 체크리스트

☐ 거울을 보고 10초 동안 소리 내어
크게 웃기.

☐ 아이와 함께하는 마음챙김
손을 마주 잡고 5분간 서로를
웃겨주기.

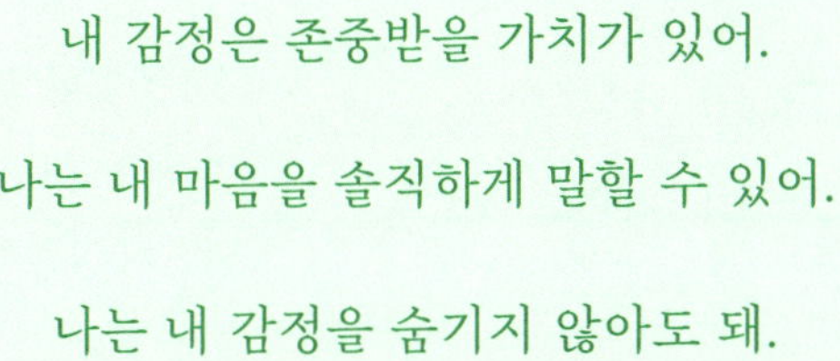

내 감정은 존중받을 가치가 있어.

나는 내 마음을 솔직하게 말할 수 있어.

나는 내 감정을 숨기지 않아도 돼.

DAY 18

후회(Regret)

: 이전의 잘못을 깨치고 뉘우침.

"어떤 일이 후회될 때,
기분이 나아지게 하는
너만의 방법이 있어?"

오늘 나의 감정 온도는 몇 도인가요?
(1~10 중 표시)

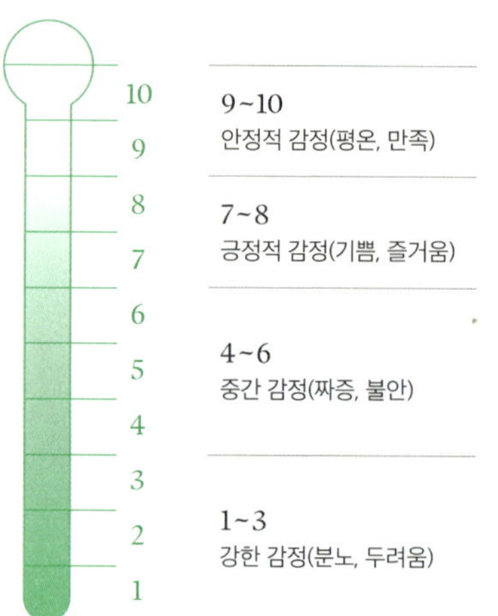

☐ 후회가 남는 일을 떠올리고 그때
배운 것 하나를 적어보기.

☐ 아이와 함께하는 마음챙김
이번 주에 후회를 통해 각자
배운 것을 나누기.

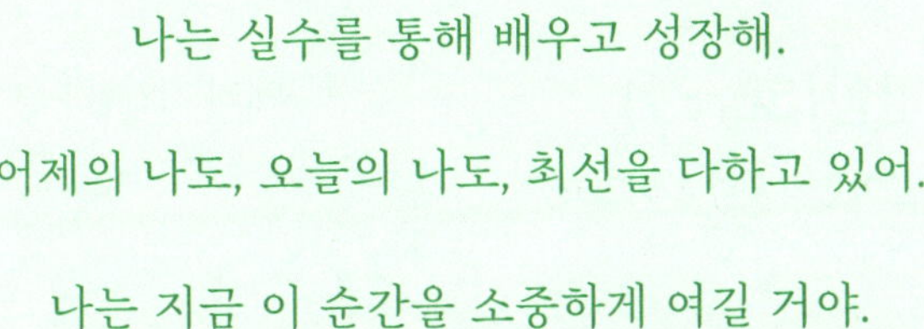

나는 실수를 통해 배우고 성장해.

어제의 나도, 오늘의 나도, 최선을 다하고 있어.

나는 지금 이 순간을 소중하게 여길 거야.

DAY 19

미안함(Sorry)

: 남에게 마음이 편치 못하고 부끄러움.

"친구에게 미안할 때 어떤 말을
해주는 게 가장 좋을까?"

오늘 나의 감정 온도는 몇 도인가요?
(1~10 중 표시)

☐ 나의 강점을 5개 적어보기.

☐ 아이와 함께하는 마음챙김
서로에게 최근 미안했던 일을 말하고,
"괜찮아"라고 답해주기.

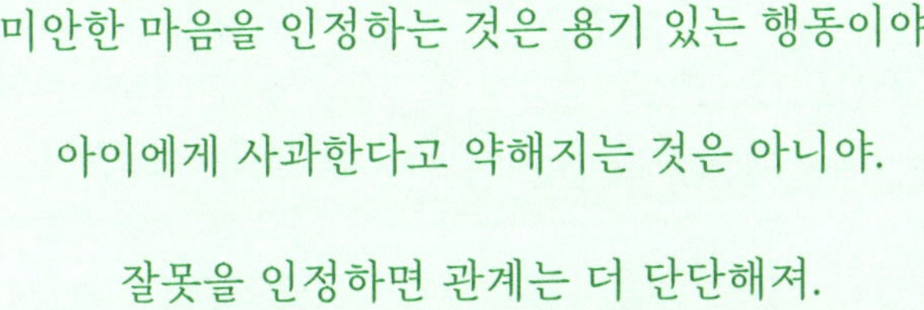

미안한 마음을 인정하는 것은 용기 있는 행동이야.

아이에게 사과한다고 약해지는 것은 아니야.

잘못을 인정하면 관계는 더 단단해져.

DAY 20

용기(Courage)

: 사물을 겁내지 않는 씩씩하고 굳센 기운.

"용기가 사람이라면
어떻게 생겼을까?"

오늘 나의 감정 온도는 몇 도인가요?
(1~10 중 표시)

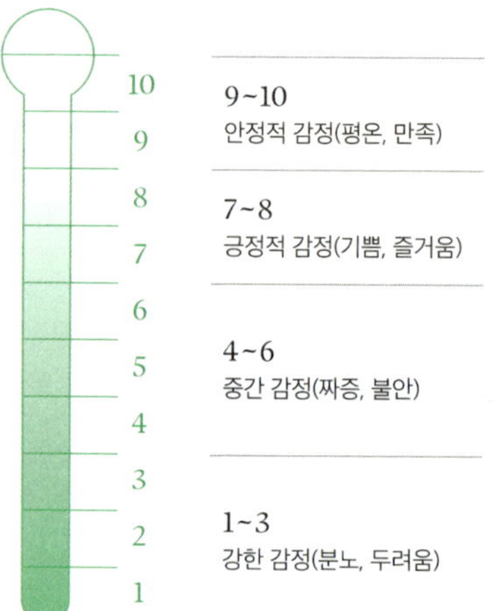

☐ 지금까지 내가 했던 가장 용기 있는
선택을 떠올리기.

☐ 아이와 함께하는 마음챙김
서로에게 가장 용기 있었던 순간을
마음껏 뽐내고 자랑하기.

두려워도 행동하는 게 진짜 용기야.

나는 결과에 연연하기보다 과정을 즐길 거야.

나는 도전을 선택하는 사람이야.

DAY 21

오늘의 감정 단어

평온(Serenity)

: 걱정이 없는 조용하고 편안한 마음.

아이에게 하는 감정 질문

"너의 마음을 가장 편안하게
해주는 사람은 누구야?"

감정 온도계

오늘 나의 감정 온도는 몇 도인가요?
(1~10 중 표시)

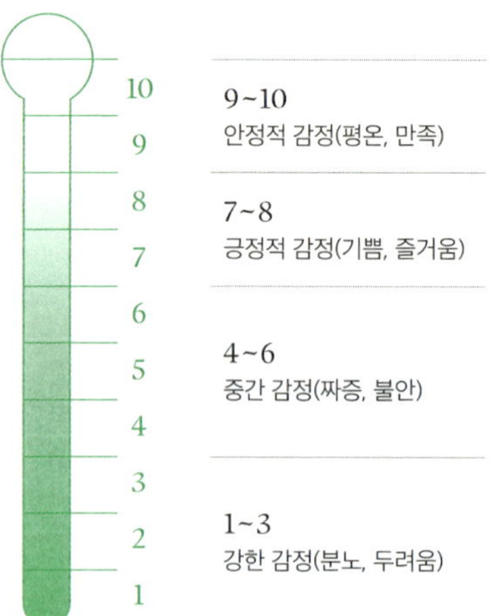

10 / 9	9~10 안정적 감정(평온, 만족)
8 / 7	7~8 긍정적 감정(기쁨, 즐거움)
6 / 5 / 4	4~6 중간 감정(짜증, 불안)
3 / 2 / 1	1~3 강한 감정(분노, 두려움)

마음챙김 체크리스트

☐ 눈을 감고 10번 심호흡하기.

☐ 아이와 함께하는 마음챙김
서로의 심장에 손을 대고 3번 깊게
숨쉬기.

나는 내 마음의 평안을 선택할 수 있어.

나는 언제 어디서든 편안해질 수 있어.

나는 내 마음을 이해하려고 노력할 거야.

관계를 회복하는 연습

회복하는 엄마의 언어 완성 단계

넷째 주는 '나는 어떤 엄마인지'를 차분히 들여다보는 시간입니다.

혹시 이번 주에 아이에게 화를 냈다면

자책하기보다 스스로에게 물어보세요.

어떤 순간에 목소리가 높아졌고, 그때 자신의 몸과 마음이

어떤 상태였는지 살펴보는 것이죠.

감정은 갑자기 폭발하지 않습니다.

대부분은 쌓이고, 지치고, 알아차리지 못한 채 올라옵니다.

내가 화내는 패턴을 알게 되면 분노를 조절할 수 있습니다.

중요한 건 완벽한 엄마가 되는 것이 아닙니다.

어제보다 자신을 조금 더 잘 아는 엄마가 되는 것이죠.

오늘의 나를 미워하지 마세요.

우리는 모두 연습 중이고,

이미 아이에게 충분히 좋은 엄마입니다.

DAY 22

오늘의 감정 단어

인내(Patience)

: 괴로움이나 어려움을 참고 견디는 마음.

아이에게 하는 감정 질문

"최근에 가장 참기
힘든 일이 뭐였어?"

감정 온도계

오늘 나의 감정 온도는 몇 도인가요?
(1~10 중 표시)

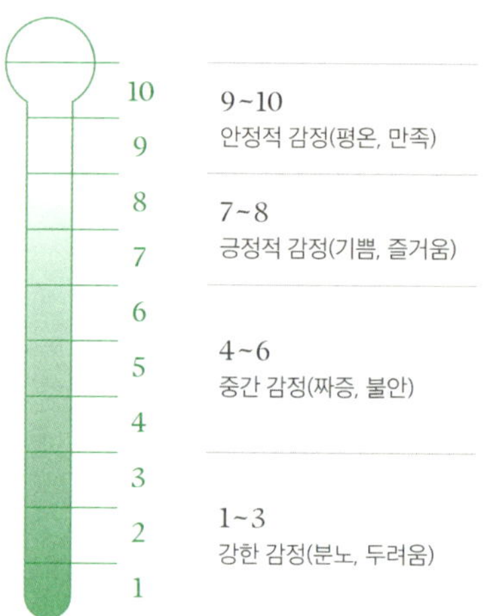

마음챙김 체크리스트

☐ 최근 아이에게 화내기 직전에 마음이
어떤 상태였는지 떠올려보기.

☐ 아이와 함께하는 마음챙김
각자 손에 얼음을 쥐고, 불편함을
느끼며 숨을 천천히 고르기.

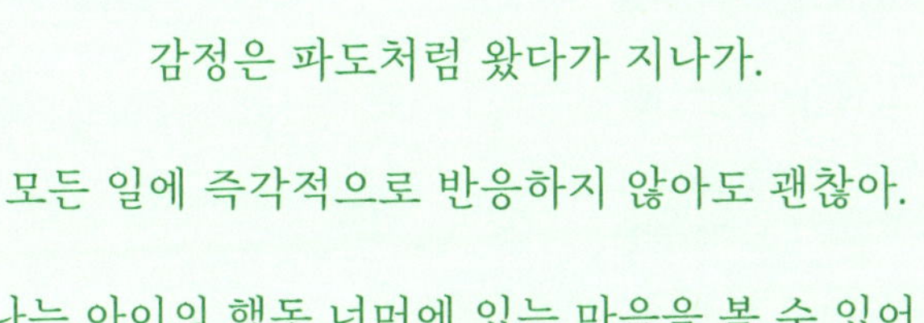

감정은 파도처럼 왔다가 지나가.

모든 일에 즉각적으로 반응하지 않아도 괜찮아.

나는 아이의 행동 너머에 있는 마음을 볼 수 있어.

DAY 23

공감(Empathy)

: 남의 감정, 의견, 주장 따위에 대하여
나도 그렇다고 느끼는 마음.

"하루만 엄마가 된다면
어떤 기분일 거 같아?"

오늘 나의 감정 온도는 몇 도인가요?
(1~10 중 표시)

☐ "나는 '엄마 나이 ___살'이야"라고
스스로에게 말해주기.
(___에는 아이의 나이)

☐ 아이와 함께하는 마음챙김
아이에게 "오늘 엄마 마음이 어땠을
것 같아?" 물어보고, 아이도 엄마에게
같은 질문하게 하기.

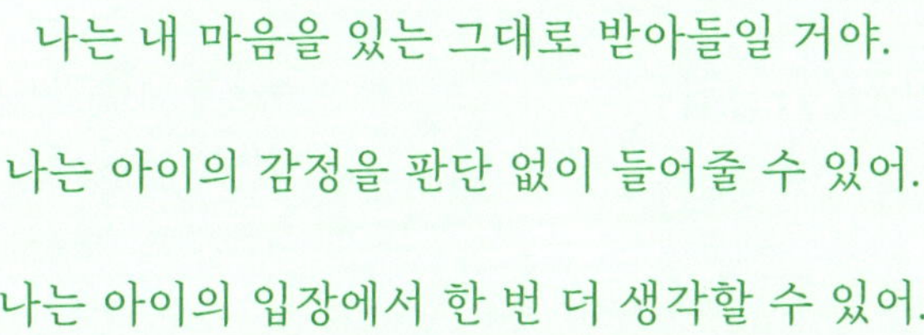

나는 내 마음을 있는 그대로 받아들일 거야.

나는 아이의 감정을 판단 없이 들어줄 수 있어.

나는 아이의 입장에서 한 번 더 생각할 수 있어.

신뢰(Trust)

: 굳게 믿고 의지하는 마음.

"누군가 너를 믿어주면
어떤 기분이 들어?"

오늘 나의 감정 온도는 몇 도인가요?
(1~10 중 표시)

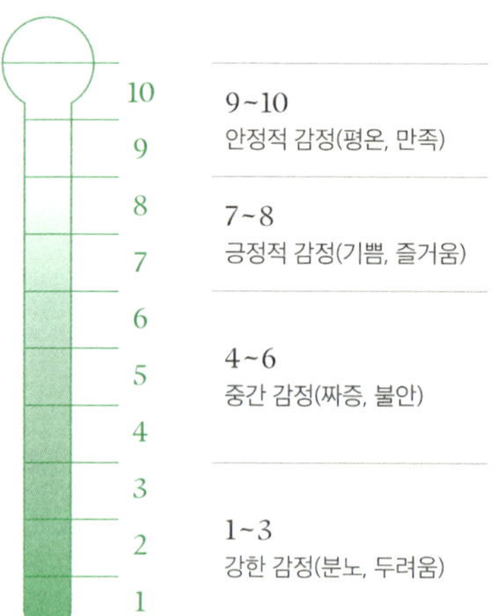

☐ 거울을 보며 "나는 나를 믿어"라고
소리 내어 말하기.

☐ 아이와 함께하는 마음챙김
아이와 마주 보며
"언제나 (너/엄마)를 믿어"라고
서로에게 말해주기.

나는 언제나 내 아이의 편이야.

나는 아이를 믿고 기다릴 수 있어.

나와 아이 사이에는 단단한 믿음이 있어.

DAY 25

즐거움(Pleasure)

: 마음에 거슬림이 없이
흐뭇하고 기쁜 느낌.

"어떤 활동을 할 때
가장 즐거워?"

오늘 나의 감정 온도는 몇 도인가요?
(1~10 중 표시)

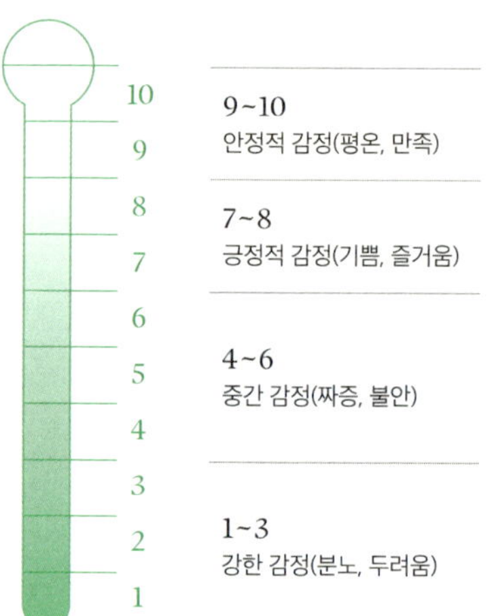

☐ 좋아하는 음악을 틀고 큰 소리로
따라 부르기.

☐ 아이와 함께하는 마음챙김
각자 좋아하는 노래를 소개해주고
함께 가사를 살펴보기.

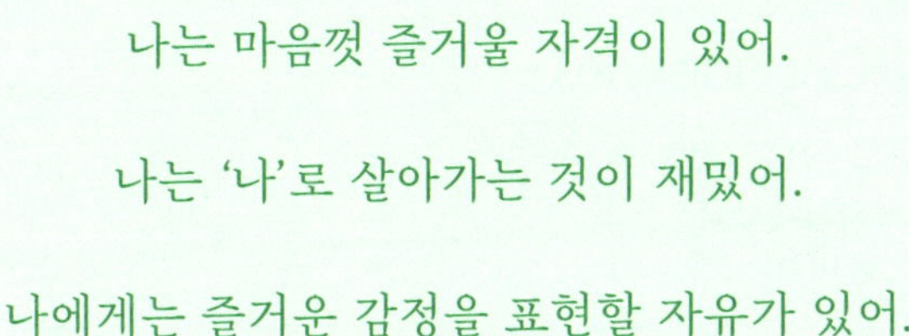

나는 마음껏 즐거울 자격이 있어.

나는 '나'로 살아가는 것이 재밌어.

나에게는 즐거운 감정을 표현할 자유가 있어.

DAY 26

자부심(Confidence)

: 자기와 관련되어 있는 것에 대하여
스스로 그 가치나 능력을 믿고
당당히 여기는 마음.

아이에게 하는 감정 질문

"스스로가 언제
가장 자랑스러워?"

감정 온도계

오늘 나의 감정 온도는 몇 도인가요?
(1~10 중 표시)

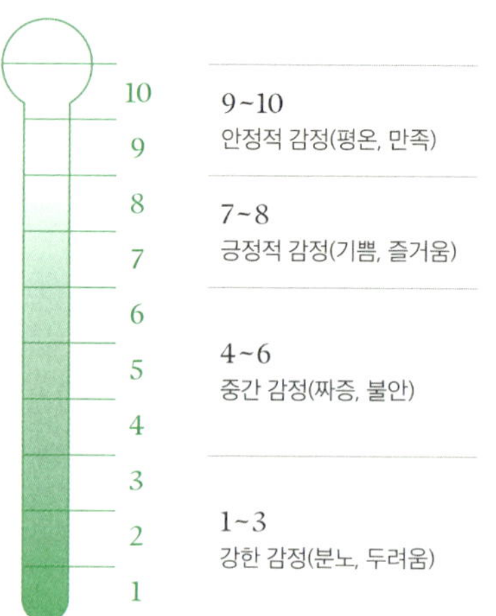

10 / 9	9~10 안정적 감정(평온, 만족)
8 / 7	7~8 긍정적 감정(기쁨, 즐거움)
6	
5 / 4	4~6 중간 감정(짜증, 불안)
3	
2 / 1	1~3 강한 감정(분노, 두려움)

마음챙김 체크리스트

☐ 이번 주에 이룬 크고 작은 성취 1개
적어보기.

☐ 아이와 함께하는 마음챙김
오늘 서로가 잘한 일 중에
뿌듯하게 느낀 일을 구체적으로
말하고 칭찬해주기.

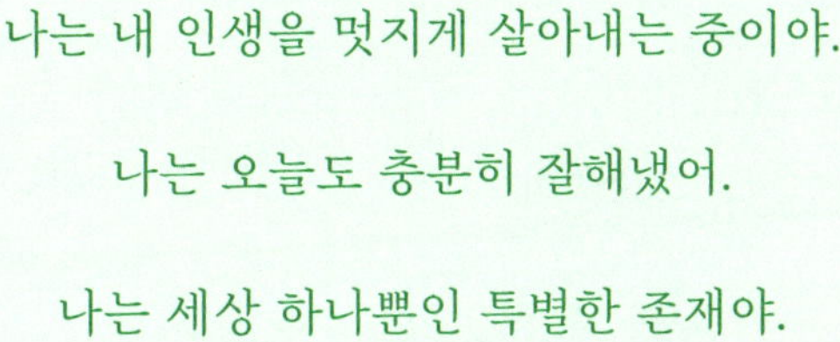

나는 내 인생을 멋지게 살아내는 중이야.

나는 오늘도 충분히 잘해냈어.

나는 세상 하나뿐인 특별한 존재야.

DAY 27

안정감(Stability)

: 몸과 마음이 편안하고 고요한 느낌.

"우리 집에서 네가 가장 편안함을
느끼는 공간은 어디야?"

오늘 나의 감정 온도는 몇 도인가요?
(1~10 중 표시)

☐ 마음이 가장 편안해지는 자세를 찾아
3분 동안 그대로 있기.

☐ 아이와 함께하는 마음챙김
서로를 끌어안고
"우리는 서로에게 힘이 될 수 있어"
라고 속삭이기.

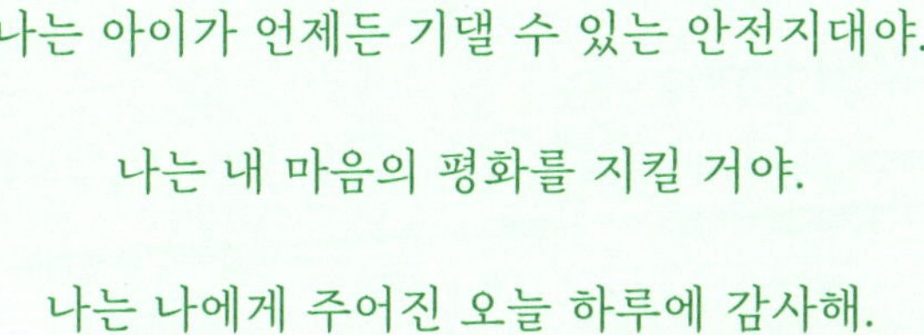

나는 아이가 언제든 기댈 수 있는 안전지대야.

나는 내 마음의 평화를 지킬 거야.

나는 나에게 주어진 오늘 하루에 감사해.

DAY 28

희망(Hope)

: 어떤 일을 이루거나
하기를 바라는 마음.

"1년 후의 너는
어떤 모습일 거 같아?"

오늘 나의 감정 온도는 몇 도인가요?
(1~10 중 표시)

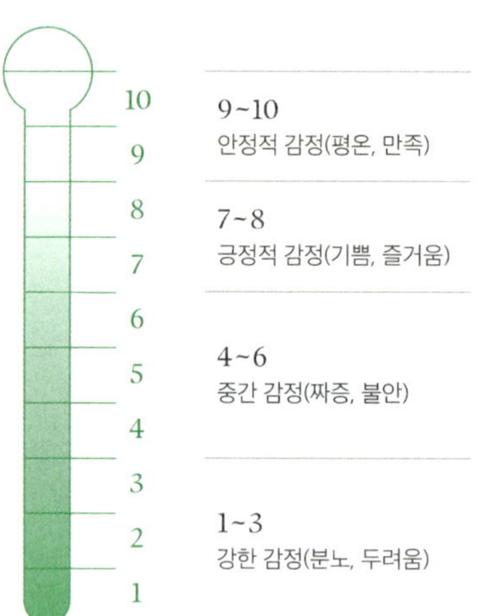

☐ 엄마가 되고 나서 겪은 긍정적인
변화 3가지를 적어보기.

☐ 아이와 함께하는 마음챙김
서로에게 바라는 점 3가지를
알려주기.

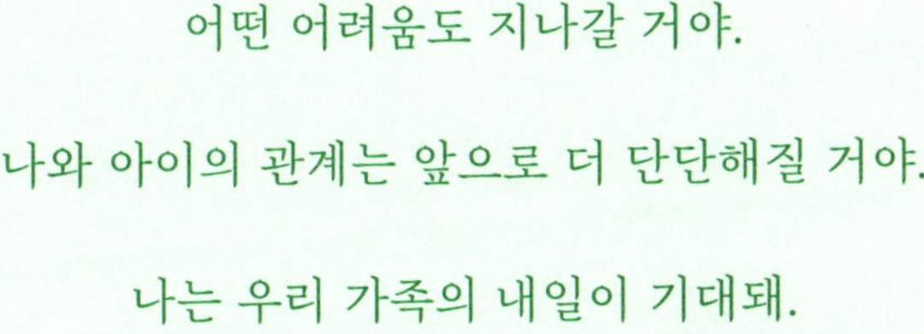

어떤 어려움도 지나갈 거야.

나와 아이의 관계는 앞으로 더 단단해질 거야.

나는 우리 가족의 내일이 기대돼.

DAY 29

사랑(Love)

: 어떤 사람이나 존재를
몹시 아끼고 귀중히 여기는 마음.

오늘의 감정 단어

아이에게 하는 감정 질문

"사랑을 표현하는 행동에는
어떤 것이 있을까?"

감정 온도계

오늘 나의 감정 온도는 몇 도인가요?
(1~10 중 표시)

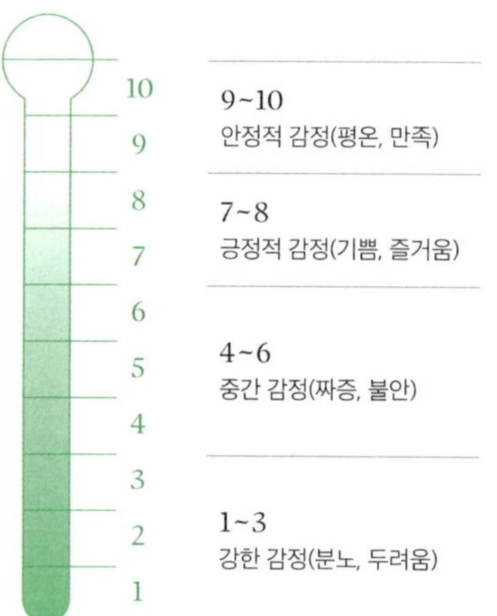

10 9	9~10 안정적 감정(평온, 만족)
8 7	7~8 긍정적 감정(기쁨, 즐거움)
6 5 4	4~6 중간 감정(짜증, 불안)
3 2 1	1~3 강한 감정(분노, 두려움)

마음챙김 체크리스트

☐ 내가 사랑하는 것을 10가지
떠올려보기.

☐ 아이와 함께하는 마음챙김
잠들기 전, 아이와 서로 꼭 안고
"사랑해"라고 말해주기.

나는 나의 모든 모습을 사랑해.

나는 아이를 조건 없이 사랑해.

나는 사랑으로 우리 가족의 관계를 지킬 수 있어.

DAY 30

행복(Happiness)

: 생활에서 충분한 만족과
기쁨을 느끼어 흐뭇함.

"하루 중 가장 행복한
시간은 언제야?"

오늘 나의 감정 온도는 몇 도인가요?
(1~10 중 표시)

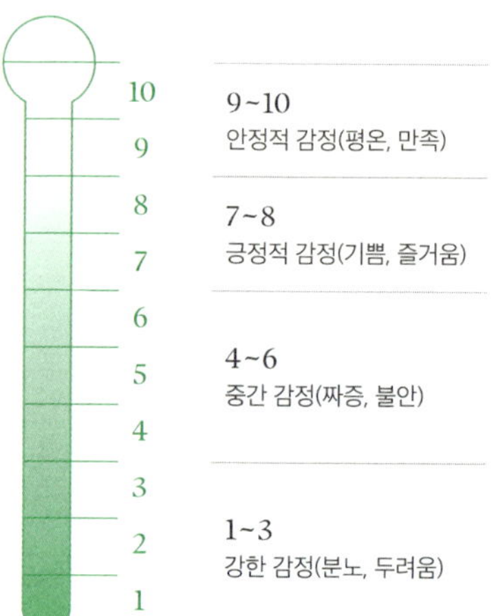

10	
9	9~10 안정적 감정(평온, 만족)
8	
7	7~8 긍정적 감정(기쁨, 즐거움)
6	
5	4~6 중간 감정(짜증, 불안)
4	
3	
2	1~3 강한 감정(분노, 두려움)
1	

☐ 오늘의 행복했던 순간을 떠올리며
그림 그리기.

☐ 아이와 함께하는 마음챙김
서로 원하는 곳에 뽀뽀해주며
"너와 함께라서 정말 행복해"라고
말하기.

나는 오늘도 행복해.

행복은 내 마음에서 시작돼.

나는 지금 이 순간의 나에게 집중할 수 있어.

대화 연습 노트:
엄마의 말습관 바꾸기

'다정하게 말하는 연습'을 시작해볼까요?

감정을 안다고 해서 말습관이 저절로 바뀌지는 않습니다. 아이 앞에서 무심코 나오는 말은 오래된 습관이기 때문이지요. 그래서 여기에서는 내가 자주 하던 말을 돌아보고, 다른 말로 바꾸어 읽고, 말해 보고, 직접 써보는 연습을 해봅시다. 어색해도 괜찮습니다. 반복할수록 말은 조금씩 내 것이 됩니다.

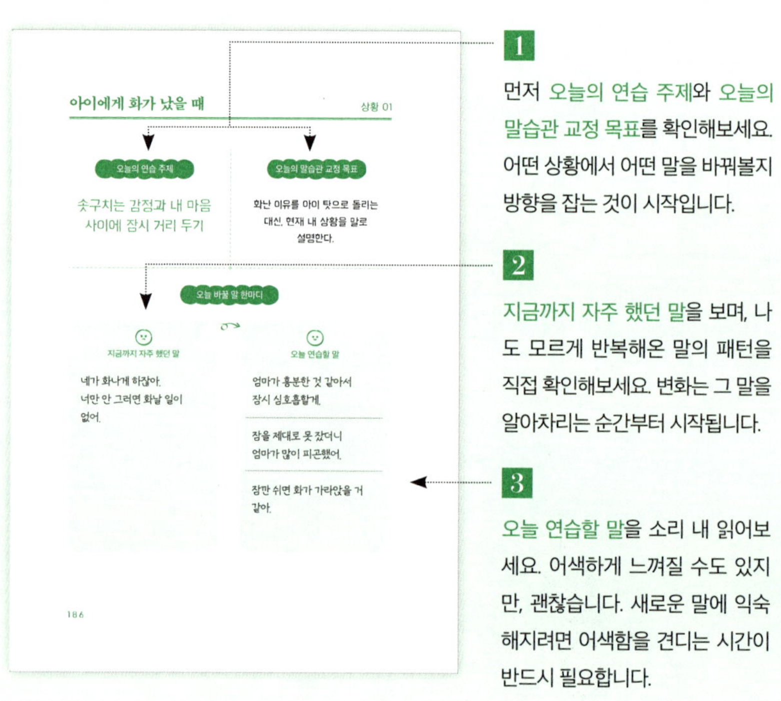

1

먼저 오늘의 연습 주제와 오늘의 말습관 교정 목표를 확인해보세요. 어떤 상황에서 어떤 말을 바꿔볼지 방향을 잡는 것이 시작입니다.

2

지금까지 자주 했던 말을 보며, 나도 모르게 반복해온 말의 패턴을 직접 확인해보세요. 변화는 그 말을 알아차리는 순간부터 시작됩니다.

3

오늘 연습할 말을 소리 내 읽어보세요. 어색하게 느껴질 수도 있지만, 괜찮습니다. 새로운 말에 익숙해지려면 어색함을 견디는 시간이 반드시 필요합니다.

하루에 한 번, 내 말습관을 다정하게 바꾸는 연습을 시작해봅시다.

이 파트도 반드시 순서대로 할 필요는 없습니다. 오늘 아이와 있었던 상황과 비슷한 장면부터 펼쳐도 좋고, 며칠 쉬었다가 다시 돌아와도 괜찮습니다. 중요한 것은 후회되는 말을 하나씩 알아차리고 조금 더 나은 말로 바꾸어보는 것입니다. 이 짧은 연습이 쌓이면 실제 대화의 말투와 분위기도 조금씩 달라질 것입니다.

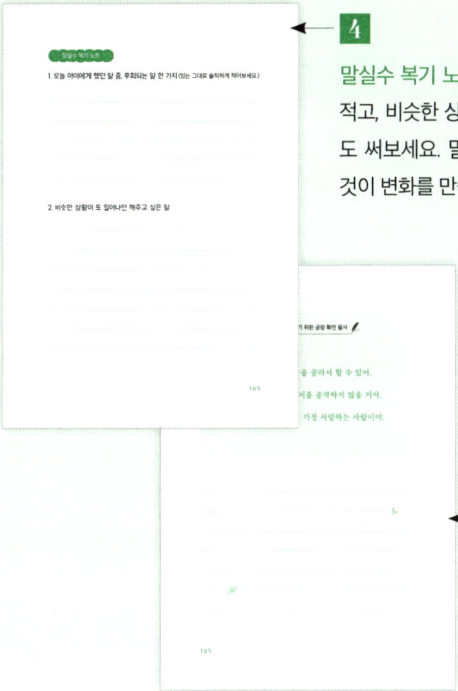

4

말실수 복기 노트에 오늘 후회되는 말을 있는 그대로 적고, 비슷한 상황이 다시 오면 어떻게 말하고 싶은지도 써보세요. 말실수를 정확하게 바라보고 인정하는 것이 변화를 만듭니다.

5

마지막으로 **더 나은 내가 되기 위한 긍정 확언 필사**를 천천히 따라 써보세요. 손으로 직접 쓰다 보면 마음속 깊이 새겨지니까요.

아이에게 화가 났을 때

오늘의 연습 주제

솟구치는 감정과 내 마음 사이에 잠시 거리 두기

오늘의 말습관 교정 목표

화난 이유를 아이 탓으로 돌리는 대신, 현재 내 상황을 말로 설명한다.

오늘 바꿀 말 한마디

지금까지 자주 했던 말

네가 화나게 하잖아.
너만 안 그러면 화날 일이
없어.

오늘 연습할 말

엄마가 흥분한 것 같아서
잠시 심호흡할게.

잠을 제대로 못 잤더니
엄마가 많이 피곤했어.

잠깐 쉬면 화가 가라앉을 거
같아.

1. 오늘 아이에게 했던 말 중, 후회되는 말 한 가지 (있는 그대로 솔직하게 적어보세요.)

2. 비슷한 상황이 또 일어나면 해주고 싶은 말

나는 화가 나도 말을 골라서 할 수 있어.

오늘 내 감정으로 아이를 공격하지 않을 거야.

나는 아이가 세상에서 가장 사랑하는 사람이야.

오늘의 연습 주제

내 뜻대로 아이를
통제하려는 마음 내려놓기

오늘의 말습관 교정 목표

강압적으로 명령하는 대신
그렇게 행동하는 이유를
궁금해한다.

오늘 바꿀 말 한마디

지금까지 자주 했던 말

네가 뭘 안다고 그래.
그냥 하라는 대로 해.

오늘 연습할 말

네가 왜 하고 싶지 않은지
궁금해.

네가 이해할 수 있게
다시 한번 잘 설명해볼게.

함께 이야기 나누면서
더 좋은 방법을 찾아보자.

1. 오늘 아이에게 했던 말 중, 후회되는 말 한 가지 (있는 그대로 솔직하게 적어보세요.)

2. 비슷한 상황이 또 일어나면 해주고 싶은 말

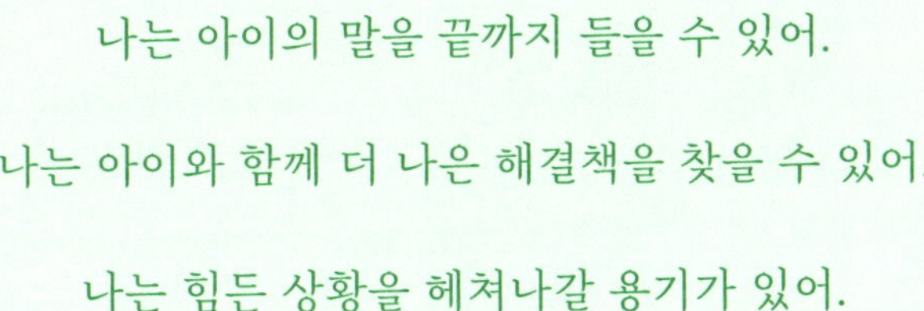

나는 아이의 말을 끝까지 들을 수 있어.

나는 아이와 함께 더 나은 해결책을 찾을 수 있어.

나는 힘든 상황을 헤쳐나갈 용기가 있어.

결과가 기대만큼 좋지 않을 때

오늘의 연습 주제

결과에 대한 나의 아쉬움과
실망감 분리하기

오늘의 말습관 교정 목표

결과를 다그치기보다
과정을 칭찬해준다.

오늘 바꿀 말 한마디

지금까지 자주 했던 말

이럴 줄 알았어!
열심히 안 하니까
결과가 이렇지.

오늘 연습할 말

원하는 결과가 나오지 않으면
속상할 수 있어.

노력의 과정이 쌓이면
원하는 결과를 얻게 될 거야.

네가 최선을 다하는 모습이
감동적이었어.

1. 오늘 아이에게 했던 말 중, 후회되는 말 한 가지 (있는 그대로 솔직하게 적어보세요.)

2. 비슷한 상황이 또 일어나면 해주고 싶은 말

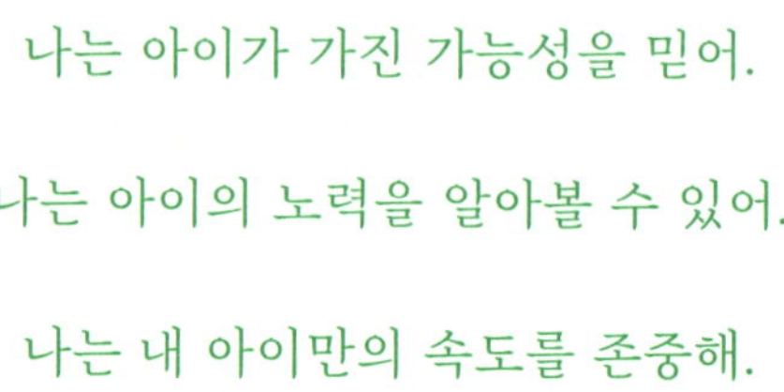

나는 아이가 가진 가능성을 믿어.

나는 아이의 노력을 알아볼 수 있어.

나는 내 아이만의 속도를 존중해.

오늘의 연습 주제

아이의 불안을
섣불리 차단하지 않고
온전히 수용하기

오늘의 말습관 교정 목표

아이의 행동을 나무라기보다
아이에게 공감해준다.

오늘 바꿀 말 한마디

지금까지 자주 했던 말

대체 몇 살까지 이럴 거야!
뭐 대단한 일이라고 자꾸 걱정해.
이러니까 다 힘들어지는 거야.

오늘 연습할 말

너와 헤어지는 건 언제나 아쉬워.

어제보다 훨씬 잘해내고 있어서
기특해.

결국에는 멋지게 해낼 수
있다는 것을 알아.

이따가 다시 만나면
서로 꼭 안아주자!

1. 오늘 아이에게 했던 말 중, 후회되는 말 한 가지 (있는 그대로 솔직하게 적어보세요.)

2. 비슷한 상황이 또 일어나면 해주고 싶은 말

나는 아이가 결국 해낼 수 있는 힘이 있다고 믿어.

나는 아이의 단단한 버팀목이야.

나는 아이가 보내는 감정 신호를 알아차릴 수 있어.

오늘의 연습 주제

재판관이 되어
시시비비를 평가하려는
마음 멈추기

오늘의 말습관 교정 목표

잘잘못을 따지기보다
관계를 어떻게 다룰지
함께 생각해본다.

오늘 바꿀 말 한마디

지금까지 자주 했던 말

별것도 아닌 일로 호들갑이야.
그냥 사과하고 끝내든가
앞으로 놀지 말든가.

오늘 연습할 말

왜 싸웠는지 알려줄 수 있어?

모든 사람과 사이좋게 지내지
않아도 괜찮아.

친구와 잘 지내고 싶다면
대화해보는 게 좋겠지?

어떻게 대화할지 한번
연습해보자.

1. 오늘 아이에게 했던 말 중, 후회되는 말 한 가지 (있는 그대로 솔직하게 적어보세요.)

2. 비슷한 상황이 또 일어나면 해주고 싶은 말

나는 어떤 순간에도 아이를 믿고 지지할 거야.

나는 아이에게 관계에 대해 가르쳐줄 수 있어.

나는 아이가 좋은 관계를 맺도록 잘 안내할 거야.

아이의 말과 행동이 귀찮게 느껴질 때

오늘의 연습 주제

나의 피로감과 한계를
먼저 알아차리고
잠시 마음의 숨 고르기

오늘의 말습관 교정 목표

내 기분과 상태가 아이의 탓이
아니라는 것을 인정한다.

오늘 바꿀 말 한마디

지금까지 자주 했던 말

말 좀 그만해. 시끄러워.
왜 이렇게 귀찮게 해.

오늘 연습할 말

오늘은 엄마 마음이 힘들어서
다 귀찮게 느껴져.

엄마의 마음은 네 탓이 아니야.

다시 에너지를 채우면
괜찮아질 거야.

1. 오늘 아이에게 했던 말 중, 후회되는 말 한 가지 (있는 그대로 솔직하게 적어보세요.)

2. 비슷한 상황이 또 일어나면 해주고 싶은 말

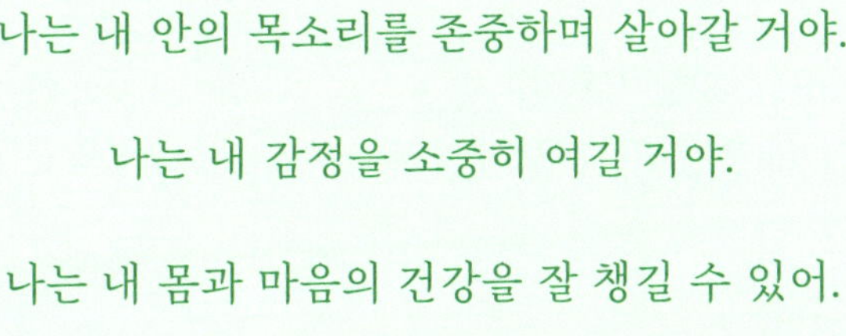

나는 내 안의 목소리를 존중하며 살아갈 거야.

나는 내 감정을 소중히 여길 거야.

나는 내 몸과 마음의 건강을 잘 챙길 수 있어.

아이가 자기 비난에 빠졌을 때 상황 07

오늘의 연습 주제

아이의 부정적인 감정에
나까지 함께 휩쓸리지 않기

오늘의 말습관 교정 목표

아이의 자기 비난을
해소할 수 있도록 안내해준다.

오늘 바꿀 말 한마디

지금까지 자주 했던 말

아니라고 몇 번을 말해.
그 얘기 좀 그만해.

오늘 연습할 말

속상한 일이 있으면 계속
생각이 날 수 있어.

생각이 마구 엉켜 있을 때는
차근차근 풀어나가면 돼.

어떤 부분이 특히 마음에
남는지 함께 이야기해볼까?

1. 오늘 아이에게 했던 말 중, 후회되는 말 한 가지 (있는 그대로 솔직하게 적어보세요.)

2. 비슷한 상황이 또 일어나면 해주고 싶은 말

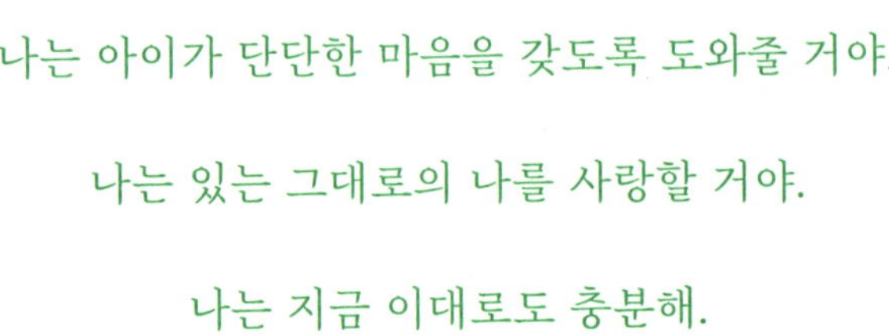

나는 아이가 단단한 마음을 갖도록 도와줄 거야.

나는 있는 그대로의 나를 사랑할 거야.

나는 지금 이대로도 충분해.

아이가 유튜브, 게임을 멈추지 못할 때

오늘의 연습 주제

지시하기 전,
아이의 아쉬운 마음에
먼저 관심 가져주기

오늘의 말습관 교정 목표

미디어를 건강하게
활용할 수 있도록 안내한다.

오늘 바꿀 말 한마디

지금까지 자주 했던 말

하루 종일 게임만 하고!
대체 몇 번을 말해야 해!
공부를 그렇게 해봐!

오늘 연습할 말

너무 재미있어서 멈추기 어렵지?

엄마도 스마트폰 보는 것을
멈추기가 참 어려워.

지금 어떤 마음인지 설명해줄 수
있어?

잘 멈추는 방법을 함께
생각해보고 연습하자.

1. 오늘 아이에게 했던 말 중, 후회되는 말 한 가지 (있는 그대로 솔직하게 적어보세요.)

2. 비슷한 상황이 또 일어나면 해주고 싶은 말

나는 아이가 배우는 중이라는 것을 기억할 거야.

나는 아이가 배웠으면 하는 행동을 먼저 보여줄 거야.

나는 행동이 변화하는 데 시간이 걸린다는 것을 알아.

아이가 쉽게 마음을 정하지 못할 때

오늘의 연습 주제

내 안의 조급함을
알아차리고
아이의 속도 존중하기

오늘의 말습관 교정 목표

재촉하거나 지시하지 말고,
아이의 선택을 기다려준다.

오늘 바꿀 말 한마디

지금까지 자주 했던 말

쓸데없이 고민하지 말고
그냥 하나 골라서 해.
너는 왜 결정을 못하고
맨날 시간을 질질 끄니?

오늘 연습할 말

고민이 많다는 건 신중하다는
뜻이야.

좋은 선택을 하려면 연습이
필요해.

어떤 선택이 제일 끌리는지
하나씩 이야기해보자.

1. 오늘 아이에게 했던 말 중, 후회되는 말 한 가지 (있는 그대로 솔직하게 적어보세요.)

2. 비슷한 상황이 또 일어나면 해주고 싶은 말

나는 아이의 속도를 믿고 지켜볼 수 있어.

나는 아이가 스스로 좋은 선택을 내리도록 안내할 거야.

나는 아이의 선택과 결정을 응원할 수 있어.

아이가 반복적으로 해야 할 일을 미룰 때 상황 10

오늘의 연습 주제

잔소리하고 싶은 충동을
멈추고 지켜봐주기

오늘의 말습관 교정 목표

아이의 마음을 이해해주되
자기 조절 능력을 키워준다.

오늘 바꿀 말 한마디

지금까지 자주 했던 말

알아서 하는 꼴을 못 봤어.
잔소리해야만 시작하지.
그만 미루고 좀 해!

오늘 연습할 말

하기 싫은 마음이 들 수 있어.

해야 할 일을 작게 나누면
훨씬 더 쉽게 시작할 수 있어.

네가 지킬 수 있는 계획을 함께
세워볼까?

다 끝내고 나면 어떤 기분인지
꼭 알려줘.

1. 오늘 아이에게 했던 말 중, 후회되는 말 한 가지 (있는 그대로 솔직하게 적어보세요.)

2. 비슷한 상황이 또 일어나면 해주고 싶은 말

나는 습관이 반복적인 행동을 통해 만들어지는 것을 알아.

나는 아이가 실패해도 다시 일어설 수 있다고 믿어.

나는 아이의 마음을 어루만져줄 수 있어.

KI신서 16347

매일 조금씩 다정해지는
하루 3문장 감정 연습

1판 1쇄 인쇄 2026년 4월 6일
1판 1쇄 발행 2026년 4월 22일

지은이 윤여진
펴낸이 김영곤
펴낸곳 (주)북이십일 21세기북스

출판1본부 본부장 장미희
서가명강팀 팀장 양으녕 책임편집 이지연 마케팅 김주현
디자인 엘리펀트스위밍 교정교열 신은정
출판1본부 마케팅팀 남정한 김윤
마케팅영업부문 정지은 영업팀 김지윤 강경남 김도연 e-커머스팀 장철용 명인수 황성진
제작팀 이영민 권경민

출판등록 2000년 5월 6일 제406-2003-061호
주소 (10881) 경기도 파주시 회동길 201 (문발동)
대표전화 031-955-2100 팩스 031-955-2151 이메일 book21@book21.co.kr

(주)북이십일 경계를 허무는 콘텐츠 리더

21세기북스 채널에서 도서 정보와 다양한 영상자료, 이벤트를 만나세요!
페이스북 facebook.com/jiinpill21   포스트 post.naver.com/21c_editors
인스타그램 instagram.com/jiinpill21   홈페이지 www.book21.com
유튜브 youtube.com/book21pub

서울대 가지 않아도 들을 수 있는 **명강**의! <서가명강>
유튜브, 네이버, 인스타그램에서 '서가명강'을 검색해 보세요!

© 윤여진, 2026
ISBN 979-11-7357-947-9 03370